Christiane Simsa

Mediation in Schulen

W0095349

Praxishilfen Schule
Handbuch

Christiane Simsa

Mediation in Schulen

Schulrechtliche und pädagogische Aspekte

Luchterhand

Die Deutsche Bibliothek – CIP-Einheitsaufnahme

Simsa, Christiane:
Mediation in Schulen: Schulrechtliche und pädagogische Aspekte /
Christiane Simsa. – Neuwied; Kriftel: Luchterhand, 2001
(Praxishilfen Schule: Handbuch)
ISBN 3-427-04445-4

www.luchterhand.de

Umschlag: Ute Weber GrafikDesign, Geretsried
Papier: Permaplan von Arjo Wiggins Spezialpapiere, Dettingen
Druck: Neuwieder Verlagsgesellschaft mbH, Neuwied
Printed in Germany, Juni 2001

♾ Gedruckt auf säurefreiem, alterungsbeständigem und chlorfreiem Papier

Inhaltsverzeichnis

»Non vitae, sed scholae discimus!«

»Nicht für's Leben, für die Schule bloß lernt man!«

Lucius Annaeus Seneca, um 4 v. Chr. bis 65 n. Chr.,

Epistolae morales, Ep. 106[1]

---

1 Zitiert nach Büchmann, Georg: Geflügelte Worte, Der Zitatenschatz des deutschen Volkes, Berlin 1961, S.547.

Vorwort

Das Buch bezieht sich auf Erkenntnisse aus dem Forschungsprojekt »Konfliktmanagement an Schulen – Rechtliche Sanktionen bei Gewalttaten von Schülern und Mediation als alternatives Interventionsmodell«, das die Autorin am Deutschen Institut für Internationale Pädagogische Forschung in Frankfurt am Main mit finanzieller Förderung der Volkswagen-Stiftung durchgeführt hat. Es handelt sich dabei um eine wissenschaftliche Untersuchung in der Schulpraxis für die Schulpraxis, die ohne die Beteiligung zahlreicher Personen und Institutionen nicht zustandegekommen wäre.

In Hessen nahmen über 60 Schulen mit viel Engagement an der Fragebogenaktion zur Erfassung von Projekten der Schulmediation teil. Die Albert-Einstein-Schule in Langen, die Heinrich-Kraft-Schule in Frankfurt am Main und die Schillerschule in Offenbach am Main öffneten großzügig ihre Türen für die zweijährige Begleitforschung. Schulleiter, Lehrer- und Schülerschaft standen jederzeit bereitwillig für Gespräche zur Verfügung. Die Regionalstellen des Hessischen Landesinstituts für Pädagogik und die staatlichen Schulämter in Hessen besorgten Informationen und Materialien. Eine besonders enge Kooperation bestand während des gesamten Forschungsvorhabens mit Herrn Helmolt Rademacher am Pädagogischen Institut in Frankfurt am Main. Am Staatlichen Schulamt Frankfurt am Main betreute Herr Dr. Wolfgang Bott die Aktenanalyse organisatorisch und inhaltlich. Herr Professor Dr. Tillmann und sein Team an der Fakultät für Pädagogik an der Universität Bielefeld waren ebenso wie die Kollegen und Kolleginnen des Instituts für Kriminologie der Universität Heidelberg bereit, das Forschungsprojekt zu verschiedenen Zeitpunkten kritisch zu diskutieren.

An einer abschließenden Expertenrunde zum Thema »Gewalt an Schulen – Möglichkeiten und Grenzen der Schulmediation« nahmen erfahrene Fachleute aus der Wissenschaft, Schulverwaltung und Schulpraxis teil, die gemeinsam die Zukunft der Mediation in Schulen diskutierten.

Die Rahmenbedingungen für die Durchführung des Forschungsprojekts stellte das Deutsche Institut für Internationale Pädagogische Forschung in Frankfurt am Main zur Verfügung. Der stellvertretende Institutsdirektor, Herr Professor Dr. Hermann Avenarius, begleitete das Projekt mit großem Wohlwollen, und mit den interessierten Kollegen und Kolleginnen kam es bei verschiedenen Gelegenheiten zu einem Austausch über die Forschungsergebnisse. Die Volkswagen-Stiftung, vertreten durch Herrn Dr. Hagen

Hof, der als fachkundiger Ansprechpartner jederzeit zur Verfügung stand, übernahm die finanzielle Förderung des Forschungsprojekts und der Expertenrunde.

Die Forschungsergebnisse könnten jedoch dem Leser heute nicht zugänglich gemacht werden, wenn nicht Herr Jörg Dittmann vom Institut für Rechtstatsachenforschung der Universität Konstanz die Dateneingabe und -auswertung und die grafische Darstellung der Berechnungen mit unermüdlichem, persönlichem Einsatz und aufopferungsvollem Arbeitswillen betrieben hätte. Die Diskussionen mit ihm über die Möglichkeiten statistischer Analysen hat mir viel Spaß gemacht.

Ich möchte mich bei all' den hier genannten Personen und Institutionen für ihre selbstlose und aktive Unterstützung des Forschungsprojekts herzlichst bedanken. Mein Dank gilt aber auch den Personen, die hier nicht namentlich aufgezählt werden konnten, die ich während der Forschungstätigkeit bei Vorträgen, auf Aus- und Fortbildungsveranstaltungen und in der gemeinsamen Arbeit kennen- und schätzen gelernt habe.

Heidelberg, Januar 2001

Anschrift der Autorin:
Prof. Dr. Christiane Simsa M.A.
Evangelische Fachhochschule Ludwigshafen
Hochschule für Sozial- und Gesundheitswesen
Maxstraße 29
67059 Ludwigshafen

1. Schulmediation in der Diskussion

»Gewalt an Schulen« war das Thema der 90er Jahre des letzten Jahrtausends. »Rambos auf dem Pausenhof«, »Tatort Schule« und »Die kleinen Monster« sind nur einige Beispiele für die Schlagzeilen, unter denen die Medien fast täglich Schülergewalt anprangerten. Anläßlich trauriger Einzelfälle wurden Schreckensszenarien des Schulalltags heraufbeschworen. Mord und Totschlag an Schulen in den USA wurden als Zukunft der deutschen Schulen prognostiziert. Fachleute warnten vergeblich vor einer Dramatisierung des Geschehens. Statistiken und empirische Untersuchungen, die keine generelle Zunahme von Schülergewalt belegen konnten, wurden in der öffentlichen Diskussion nicht zur Kenntnis genommen. Die Schulen sahen sich vielmehr im Zugzwang, etwas gegen die »Gewaltbereitschaft« von Schülern zu unternehmen. Schulen ohne wesentliche Gewaltproblematik fingen an, vorbeugende Programme zu diskutieren. In Schulen mit aktueller Gewaltbelastung wurden Auswege aus dem Dilemma gesucht. Projekte der Gewaltprävention sprießten aus dem Boden. Es gab Sportveranstaltungen für (benachteiligte) Jugendliche, Selbstbehauptungstrainings für Mädchen und kulturelle Treffen für die »Kids von der Straße«. Die unterschiedlichsten pädagogischen Ansätze wurden zur Gewaltprävention erklärt. In Schulkreisen hieß das Zauberwort immer öfters: Schulmediation – als Anti-Gewalt-Konzept.

Mediation bedeutet (aus dem Englischen übersetzt) Vermittlung. In den USA hat die Konfliktbearbeitung unter Hinzuziehung eines neutralen Vermittlers, des Mediators, eine längere Tradition. Mediationsprogramme wurden dort zunächst als Alternativen zu herkömmlichen Justizverfahren eingesetzt und finden seitdem auch bei familiären, sozialen und politischen Konflikten Anwendung. In Deutschland erlangte das Mediationsverfahren insbesondere im Straf- und Familienrecht Bedeutung. Unter der Bezeichnung »Täter-Opfer-Ausgleich« entstanden in den 90er Jahren Modellprojekte, die Täter und Opfer von Straftaten die Gelegenheit eröffneten, die Tat und ihre Folgen zu besprechen und eine Schadenswiedergutmachung auszuhandeln. Das vorrangige Ziel der Mediation im Ehescheidungsverfahren war die Suche nach einverständlichen Lösungen über das Sorge- und Besuchsrecht für die gemeinsamen Kinder der getrennt lebenden Eltern. Pilotprojekte zur Familienmediation wurden mit den herkömmlichen familienrechtlichen Verfahren verbunden.[1] Mediationsverfahren werden zu-

---

1 Zur Familienmediation siehe Proksch 1998.

nehmend in verschiedenen Bereichen angewandt, z.b. bei Konflikten im Arbeitsleben oder bei Auseinandersetzungen um Belange des Umweltschutzes.

Der Täter-Opfer-Ausgleich ist inzwischen im Jugendgerichtsgesetz, im Strafgesetzbuch und in der Strafprozessordnung gesetzlich geregelt. Im Sozialgesetzbuch (SGB) Achtes Buch (VIII) (Kinder- und Jugendhilfe) findet sich der Anspruch auf Beratung durch die Träger der Jugendhilfe bei Fragen zur Ausübung der Personensorge oder des Umgangsrechts begründet.[2] Durch das Kindschaftsreformgesetz vom 16. Dezember 1997 wurde im Familienrecht ein Vermittlungsverfahren zur Lösung von Streitigkeiten vorgesehen.[3] Für das zivilrechtliche Verfahren ist den Ländern durch das Gesetz zur Förderung der außergerichtlichen Streitbeilegung vom 15. Dezember 1999 die Möglichkeit eingeräumt worden, durch Landesgesetz zu bestimmen, dass eine Klage bei besonders genannten Streitigkeiten erst nach einem Einigungsversuch vor einer Gütestelle zulässig ist.[4] Baden-Württemberg, Bayern, Brandenburg und Nordrhein-Westfalen haben von dieser Öffnungsklausel bereits Gebrauch gemacht.[5]

> Es kann insofern generell unterschieden werden: Mediation im Rahmen justizieller Verfahren und Mediation als außergerichtliche Konfliktregelung.

Schulmediation stößt in Deutschland seit Beginn der 90er Jahre auf Interesse. 1992 wurde das erste Fortbildungsangebot in Mediation an Berliner Schulen ausprobiert. Einige Bundesländer folgten mit ähnlichen Programmen. Inzwischen lassen sich Projekte der Schulmediation im gesamten Bundesgebiet finden. In der Regel handelt es sich um Modellversuche an einzelnen Schulen. Peer-Mediation, d.h. die Ausbildung von Schülern zu Mediatoren, steht im Vordergrund. Landesweite Konzepte für die Ein- und Umsetzung von Mediation an Schulen gibt es nur wenige. In einigen Bundesländern wird die Philosophie der Schulmediation allerdings durch staatliche Einrichtungen verbreitet und betreut, so etwa in Berlin durch die Senatsverwaltung für Schule, Jugend und Sport, in Hessen durch das Hessische Landesinstitut für Pädagogik, in Mecklenburg-Vorpommern durch das Landesinstitut für Schule und Ausbildung, in Nordrhein-Westfalen durch das Landesinstitut für Schule und Weiterbildung, in Rheinland-Pfalz durch

---

2 Vgl. §§ 17, 18 SGB VIII.
3 Vgl. §§ 52, 52a FGG (Gesetz über die Angelegenheiten der Freiwilligen Gerichtsbarkeit).
4 Vgl. § 15a EGZPO (Gesetz, betreffend die Einführung der Zivilprozessordnung).
5 Siehe im Einzelnen das Schlichtungsgesetz des Landes Baden-Württemberg, das Bayerische Schlichtungsgesetz, das Schlichtungsgesetz Brandenburgs und das nordrhein-westfälische Gütestellen- und Schlichtungsgesetz.

das Pädagogische Zentrum und in Schleswig-Holstein durch das Landesinstitut für Praxis und Theorie der Schule.

Auf dem freien Markt wird Schulmediaton inzwischen von verschiedenen Einrichtungen – Vereinen, Verbänden, Instituten und Organisationen – angeboten. In fast allen Bundesländern haben sich selbständige Mediatoren niedergelassen, die bereit sind, in der Schule zu arbeiten. In das Verzeichnis MediationsGuide 2000[6] sind über 500 Personen bzw. Institutionen eingetragen, von denen einige Schulmediation als einen Schwerpunkt ihrer Arbeit angeben. Der Bundesverband für Mediation e.V. mit Sitz in Kassel und die Gesellschaft für Mediation e.V. mit Sitz in Hagen, die auch regionale Arbeitsgruppen besitzen, organisieren spezielle Mitgliedertreffen zur Schulmediation.

Einige wenige Fachhochschulen und Universitäten haben Mediation bereits in ihre (weiterbildenden) Studiengänge aufgenommen. Zu ausgewählten Aspekten der Mediation an Schulen werden Diplom- und Doktorarbeiten vergeben. Theoretisch fundierte und empirisch abgesicherte wissenschaftliche Abhandlungen zur Schulmediation sind dennoch selten. Auf dem Büchermarkt finden sich zwar vereinzelt Handbücher zur Mediation in Schulen, die jedoch überwiegend Handlungsanweisungen enthalten. Eine umfassende, sachgerechte Diskussion der Schulmediation, insbesondere ihrer Möglichkeiten und Grenzen, steht noch aus.[7]

Ziel des Buches

Das Buch untersucht einen Aspekt der Schulmediation, dem bisher wenig Beachtung geschenkt wurde, das Verhältnis von Mediation in der Schule zu den schulrechtlichen Sanktionen. Schulen haben verschiedene Möglichkeiten, auf Konflikte zu reagieren. Mit Nicht-zur-Kenntnis-nehmen, mit Machtentscheidungen, mit rechtlichen Maßnahmen oder mit Verfahren konstruktiver Konfliktbearbeitung. In der Schulpraxis wird der pädagogische Nutzen der verschiedenen Ansätze kontrovers diskutiert. Wissenschaftliche Untersuchungen zur Effizienz der verschiedenen Reaktionen auf Gewalt von Schülern fehlen weitgehend.

---

6 Dieses Verzeichnis wird von der Centrale für Mediation in Köln herausgegeben.

7 Ein Weg zu einer kritischen interdisziplinären Diskussion der Gegenwart und Zukunft von Schulmediation zwischen Wissenschaft, Schulverwaltung und Schulpraxis wurde in der Expertenrunde »Gewalt an Schulen – Möglichkeiten und Grenzen der Schulmediation« im November 2000 in Frankfurt am Main eröffnet; siehe Simsa/Schubart 2001.

Es werden deshalb erstmals die Ergebnisse aus dem Forschungprojekt »Konfliktmanagement an Schulen – Rechtliche Sanktionen bei Gewalttaten von Schülern und Mediation als alternatives Interventionsmodell« im Zusammenhang vorgestellt.[8] Das Forschungsprojekt umfasste zwei Schwerpunkte: die Analyse schulrechtlicher Ordnungsmaßnahmen als Reaktion auf Gewalttaten von Schülern und die Untersuchung von Schulmediation in der Praxis. Es sollte geprüft werden, inwieweit rechtliche Sanktionen gegen alternative Modelle der Konfliktregelung ausgetauscht werden können. Im Vordergrund stand die Frage, ob Mediation lediglich eine Ergänzung oder einen pädagogisch sinnvollen Ersatz der herkömmlichen Verfahren darstellt. Das Forschungsvorhaben beabsichtigte jedoch nicht, die pädagogischen Konzepte einzelner Schulen oder die Qualität verschiedener Mediationsprojekte zu evaluieren. Es sollte vornehmlich geklärt werden, was Mediationsverfahren im Schulalltag zu leisten vermögen und welche äußeren Bedingungen alternative Konfliktlösungen erleichtern oder erschweren. Dazu wurden ausgewählte Schulen über zwei Jahre lang umfassend wissenschaftlich begleitet. Die dabei gewonnen Erkenntnisse wurden mit den Ergebnissen aus Dokumenten- bzw. Aktenanalysen sowie aus schriftlichen und mündlichen Befragungen zu einem Gesamtbild der Praxis des Schulordnungsrechts und der Schulmediation zusammengesetzt.

Das Buch soll jedoch nicht als Forschungsbericht verstanden werden. Es enthält keinen wissenschaftlichen Apparat und nur wenige Quellenangaben. Literaturhinweise werden auf einige ausgewählte Werke beschränkt. Die Forschungsergebnisse sollen anschaulich dargestellt werden. Die Autorin verzichtet dabei nicht auf wertende und beurteilende Aussagen zu den verschiedenen Ansätzen der Konfliktregelung in Schulen. Das Buch wird damit nicht zum Geheimrezept für die erfolgreiche Etablierung von Mediation in der Schule. Ziel der Darstellung der verschiedenen Aspekte der Schulmediation, der Empfehlungen für die Schulpraxis und der weiterführenden Literaturangaben bleibt es, einen Beitrag zur Diskussion um die Möglichkeiten und Grenzen von Mediation in der Schule zu leisten.

Zusammenfassung – an die Leserinnen und Leser

Das Buch soll einen Beitrag zur Diskussion der Möglichkeiten und Grenzen der Schulmediation leisten. Die Autorin möchte die Leserinnen und Leser auffordern, sich mit Hinweisen, Anmerkungen, Kritik und Empfehlungen an diesem Diskurs zu beteiligen, und hofft, dass die Lektüre des Buches hinreichend Anregungen für zukünftige Überlegungen bietet.

---

8 Ausführliche Informationen zu diesem Forschungsprojekt sind (über den Verlag) bei der Autorin erhältlich.

2. Mediation und Schule

Mediation ist ein Verfahren zur eigenverantwortlichen Regelung von Konflikten mit Hilfe einer dritten neutralen, allparteiischen Person: dem Mediator. In der Schule kann Mediation sich auf die Bearbeitung einzelner Konfliktfälle beschränken oder den Aufbau einer neuartigen Konfliktlösungskultur im Schulalltag anstreben. Schulmediation unterliegt speziellen Bedingungen, die sich aus der Institution Schule selbst ergeben. Zurzeit besteht noch weitgehend Freiraum, die Mediation in der Praxis den individuellen Bedürfnissen der einzelnen Schule anzupassen.

Der Begriff »Schulmediation« verknüpft zwei Themenbereiche: Mediation und Schule. Zum Verständnis von Mediation in der Schule müssen zunächst Theorie und Praxis der Mediation allgemein und die der Schulmediation im besonderen beschrieben werden. Des Weiteren erscheint es erforderlich, Schule als gesellschaftliche Institution und Organisation mit speziellen Strukturen kurz vorzustellen.

2.1 Konflikte in der Schule

Konflikte sind ein Teil des gesellschaftlichen, privaten und beruflichen Lebens. Konflikte in der Schule haben die Besonderheit, dass sie innerhalb einer Institution stattfinden, die bestimmten Regeln und Normen unterliegt. Dadurch wird auch der Umgang mit schulischen Konflikten durch spezifische strukturelle, organisatorische und rechtliche Rahmenbedingungen bestimmt.

2.1.1 Schule als Organisation und Lebenswelt

Schulen sind, auf gewisse Dauer geplante und unabhängig vom Wechsel der Schüler und Lehrer organisierte, Bildungsstätten, die dem Unterricht und der Erziehung von Schülern dienen. Sie können nach Schulstufen (Primarstufe bzw. Grundschule, Sekundarstufe I, Sekundarstufe II) und nach Schularten (allgemeinbildende Schulen, insbesondere die Grundschule, die Hauptschule, die Realschule, das Gymnasium und die Gesamtschule, sowie berufsbildende Schulen, z.B. die Berufsschulen als Teilzeitschulen und die Berufsfachschulen als berufsbildende Vollzeitschulen) eingeteilt werden.[1] Es gibt öffentliche und private Schulen. Das Schulwesen besteht aus der Gesamtheit aller Schulen.

Die Schule ist eine bedeutsame gesellschaftliche Institution. Sie ist neben dem Elternhaus, nach Tagesmüttern oder Kindertagesstätten bzw. Kindergärten, die wichtigste Sozialisationsinstanz für Kinder. Minderjährige müssen mindestens zehn Jahre lang einen Teil ihres Alltags in der Schule verbringen. Sie sollen dort Kenntnisse, Fähigkeiten und Verhaltensmuster erwerben, die es ihnen ermöglichen, ihre Leben in Autonomie und Mündigkeit zu gestalten. In der Schule treffen Kinder und Jugendliche auf verschiedenartige Normen, Wertvorstellungen und Überzeugungen. Sie lernen andere Kulturen und soziale Schichten kennen und erfahren Integrationsprozesse in teilweise heterogene Gruppen, z.B. im Klassenverband. In der Interaktion und Kommunikation mit Mitschülern und Lehrkräften wird ihr Verhalten, Handeln, Fühlen und Denken beeinflusst. Das persönliche Umfeld der Schüler wird durch das Bezugssystem der Schule erweitert. Die Schule ist eine Gemeinschaft von Lernenden und Lehrenden. Sie ist Teil der Lebenswelt von Schülern, Lehrern, Eltern und anderen an der Schule beteiligten Personen.

Schule ist aber auch eine Organisation, d.h. sie ist ein Zusammenschluss von Personen (Akteuren), die mit vorhandenen bzw. zu erreichenden Ressourcen spezifische, bestimmten Zwecken dienende Interessen verwirklichen. Sie verfügt über eine arbeitsteilige Gliederung, eine Leitungsinstanz und eine formale bzw. informelle Verfassung, die u.a. die Rechte und Pflichten der Akteure regelt.[2]

Die Schule erfüllt den staatlichen Bildungs- und Erziehungsauftrag. An die jeweilige Rolle der Akteure (Schüler-, Lehrer- oder Elternrolle) werden bestimmte Erwartungen geknüpft. Mit speziellen Funktionen, z.B. als Schulleiter, Klassenlehrer oder -sprecher, sind besondere Aufgaben verbunden. Alle Schulangehörige besitzen konkrete Rechte und Pflichten. In Schulangelegenheiten müssen gesetzliche Mitwirkungsrechte von Lehrer- und Schulkonferenzen oder Schüler- und Elternvertretungen berücksichtigt werden. Gleichzeitig unterliegt die Schule als Teil der öffentlichen Verwaltung Weisungen und Anordnungen der staatlichen Schulaufsicht und der Schulträger. Das Besondere an der Organisation »Schule« ist jedoch, dass ein Teil ihrer Akteure, die Schüler, aufgrund der Schulpflicht eine »Zwangsmitgliedschaft« ausüben.

---

1 Avenarius/Heckel 2000, S.5, 38 ff.
2 So die Definition von Organisationen bei Büschges/Abraham 1997, S.18/19.

Schule ist somit nicht nur ein soziales System, sondern auch eine Institution mit eigenen Regeln und Normen. Jede einzelne Schule ist zudem ein komplexes Gebilde, dessen Organisation und Strukturen die Kommunikation und Interaktion der in ihr befindlichen Menschen bestimmt.

2.1.2 Konflikte – Definitionen und Typologien

Es gibt keine einheitliche Konfliktdefinition. Je nach wissenschaftlicher Disziplin werden verschiedene Aspekte und Zuordnungen für wesentlich erachtet. Beim Versuch einer Typologienbildung werden Konflikte oftmals nach den Gesichtspunkten »Streitgegenstand«, »Erscheinungsform der Auseinandersetzung« und »Merkmale der Konfliktparteien, ihre Positionen und wechselseitigen Beziehungen« eingeteilt.[3]

Zunächst erscheint es jedoch wichtig, zwischen intrapersonellen und interpersonellen Konflikten zu unterscheiden. Während intrapersonelle Konflikte sich im Inneren des Individuums abspielen (z.B. Entscheidungskonflikte), bestehen interpersonelle Konflikte zwischen verschiedenen Personen und Gruppen. Dabei kann es sich um Normkonflikte oder Interessenkonflikte handeln. Normkonflikte können auf unklaren oder fehlenden, auf besonders zahlreichen und/oder restriktiven oder auf widersprüchlichen Normen beruhen. Interessenkonflikte entstehen bei unterschiedlichen Zielvorstellungen oder konkurrierenden Vorteils- bzw. Gewinnerwartungen.[4]

Für eine effektive Konfliktbearbeitung ist es sinnvoll zu analysieren, in welchem Stadium sich ein Konflikt befindet. Oftmals wird von »latenten« und »manifesten« Konflikten gesprochen, je nachdem, ob die gegensätzlichen Ansichten zu feindseligen Handlungen führen oder nicht. Als »heiße Konflikte« werden die Situationen beschrieben, in denen die Konfliktparteien mit großem Engagement offen die Auseinandersetzung betreiben, während sie bei »kalten Konflikten« eher im Verborgenen agieren und nach außen Desinteresse oder konstruktive Verhaltensweisen demonstrieren.[5]

Die Dynamik der Konfliktentwicklung sollte ebenfalls beachtet werden. In der Fachliteratur finden sich Phasenmodelle der Eskalation, in denen der Verlauf von Konflikten in eine meist stufenförmige Rangfolge eingeteilt wird. Dabei beginnen die meisten Konflikte mit einer Phase, in der die Konfliktparteien den Konflikt für alle Beteiligten noch ohne Verluste beenden könnten, und enden in einer Situation, in der sie letztendlich gemeinsam

---

3 Vgl. Glasl 1999, Teil I.
4 Zur soziologischen Relevanz derartiger sozialer Konflikte siehe Wiswede 1998, S.272 ff.
5 Siehe Glasl 1999, S.70-82.

alles aufs Spiel setzen. Dazwischen liegen für die Konfliktparteien verschiedene Stadien des Gewinnens und Verlierens.[6]

2.1.3 Schulische Konflikte

In der Schule können Konflikte nach ihren Inhalten, den Konfliktparteien und -ebenen sowie Erscheinungsformen unterschieden werden.[7]

Es gibt auch in der Schule Konflikte, die sachlich begründet sind und in der Regel auf Informationsdefiziten beruhen, und solche, denen persönliche Beziehungsstörungen zugrundeliegen. Es kann sich um Interessenkonflikte, die etwa auf Konkurrenzsituationen beruhen, oder um Norm- bzw. Wertekonflikte, z.B. über verschiedene pädagogische Grundsätze, handeln.

Konfliktparteien sind in erster Linie die Schulleitung, Lehrkräfte, Schüler und Eltern. An einem Konflikt können aber auch andere schulinterne oder -externe Personen, z.B. der Hausmeister oder Nachbarn, beteiligt sein.

Konflikte in der Schule finden auf verschiedenen Hierarchieebenen statt: zwischen gleichgestellten Konfliktparteien, z.B. zwischen Schülern, oder in Über- und Unterordnungsverhältnissen, etwa zwischen Schülern und Lehrern oder Lehrern und Schulleitung. Diesen Konflikten liegen teilweise ein missverstandenes Rollenverständnis oder konträre Rollenerwartungen zugrunde. Oftmals basieren sie zudem auf den organisatorischen Rahmenbedingungen der einzelnen Schule und den ungleichen Macht- und Entscheidungsstrukturen im System Schule.

Konflikte in der Schule können psychisch und physisch ausgetragen werden. Insbesondere bei Auseinandersetzungen mit Schülern unterscheidet man zwischen verbalen und gewalttätigen Angriffen. In neuerer Zeit wird das Geschehen in Schulen zunehmend mit dem Begriff des Mobbings in Verbindung gebracht.

Schülerkonflikte, denen ein gesteigertes Interesse, auch in der Schulmediation, entgegengebracht wird, hängen eng mit dem Entwicklungsstand, dem Alter und dem Geschlecht der Kinder bzw. Jugendlichen zusammen. Jungen, insbesondere im Alter von 13 bis 15 Jahren, fallen öfters durch physische gewalttätige Auseinandersetzungen auf, während Mädchen üblicherweise eher bei psychischen Gewalthandlungen in Erscheinung treten. Die meisten Schüler sind jedoch fast nie in gravierende Streitigkeiten verwickelt. Einige wenige Schüler zeichnen sich allerdings durch ständige, erhebliche

---

6 Zur Dynamik der Konflikteskalation siehe u.a. Glasl 1999, Teil II.
7 Zum Thema Konflikte und Konfliktbearbeitung in der Schule siehe speziell Neubauer/Gampe/Knapp/Wichterich 1999.

Verhaltensauffälligkeiten, die immer wieder zu Konflikten mit Lehrern und Mitschülern führen, aus. Neben Unterrichtsstörungen und Verstößen gegen die Schulordnung handelt es sich bei den Auseinandersetzungen zwischen Schülern überwiegend um alltägliche Streitereien und altersbedingte Rangeleien. Nur in Einzelfällen kommt es zu strafrechtlich relevanten Handlungen, z.B. Sachbeschädigungen, Erpressungen oder Körperverletzungen. Gewaltdelikte sind eher selten; gebräuchlicher sind verbale Beleidigungen und das soziale Ausgrenzen von Mitschülern. Oftmals sind es jedoch diese »geringfügigen« Anlässe, die schnell zu einer Eskalation des Konflikts bis hin zur Gewaltanwendung führen.

Konflikte gibt es in allen Schularten: in den allgemeinbildenden Schulen ebenso wie in den berufsbildenden Einrichtungen. Lediglich Art und Umfang der Auseinandersetzungen können von Schultyp zu Schultyp und von Schule zu Schule variieren. Konflikte können inner- und außerhalb der Schule, vor, in oder nach dem Unterricht, während der Schulzeit oder in der Freizeit ausgetragen werden. Letztendlich ist es eine grundsätzliche Entscheidung, die alle Beteiligten zu treffen haben, ob sie Konflikte in erster Linie als Störungen des Systems Schule empfinden oder als eine konstruktive Komponente des sozialen Geschehens in der Schule betrachten.

2.2 Mediation als Verfahren konstruktiver Konfliktbearbeitung

Mediation bedeutet Vermittlung in Konflikten.[8] Konflikte werden als Chance gewertet, gestörte Beziehungen aufzuarbeiten. Dies erfordert die Einbeziehung aller Konfliktparteien in das Konfliktlösungsverfahren. Konstruktive Konfliktbearbeitung soll langfristige Lernprozesse über den aktuellen Konflikt hinaus einleiten. Das Verschweigen von Konflikten oder der destruktive Umgang mit ihnen sollen damit vermieden werden.

2.2.1 Die Idee der Mediation

Mediation ist konstruktive Konfliktbearbeitung durch Einsatz eines neutralen Vermittlers: des Mediators. Die Konfliktparteien sollen mit seiner Hilfe versuchen, eine Konfliktlösung zu erarbeiten. Es wird dabei für wichtig erachtet, dass die Beteiligten freiwillig, eigenverantwortlich und selbstbestimmt handeln. Sie sollen den Konflikt gemeinsam besprechen und ihre Interessen an einer Konfliktlösung bekunden. Durch die gegenseitige Dar-

---

8 Grundlegende Ausführungen zur Mediation finden sich z.B. bei Besemer 1998.

stellung und Wahrnehmung des Konfliktgeschehens wird für jede Konflikt-partei die Möglichkeit eröffnet, die Perspektive der anderen kennenzuler-nen. Es geht nicht um Schuldzuweisungen oder um die Aufklärung der ab-soluten Wahrheit, sondern um die Erhellung des Konflikts aus Sicht der Konfliktparteien, wobei Gefühle der Betroffenen bewusst einbezogen wer-den sollen. Die Mediation soll die Chance bieten, tragfähige Vereinbarun-gen für die Zukunft zu finden, die den weiteren sozialen Kontakt zwischen den Konfliktparteien zulassen. Der Mediator setzt lediglich den Rahmen für das Mediationsverfahren und leitet den Verlauf der Kommunikation zwi-schen den Beteiligten.

Unter der Bezeichnung »Transformative Mediation« steht Mediation für das Erlernen von Konfliktlösungskompetenz. Der Mediator soll das Selbst-wertgefühl und Selbstvertrauen der Konfliktparteien stärken (Empower-ment); gleichzeitig sollen sie lernen, Empathie für den anderen zu ent-wickeln und den Eigenanteil am Konflikt zu erkennen (Recognition).[9] Mediation soll Konfliktparteien langfristig dazu befähigen, ihr Verhalten in Konfliktsituationen zu verändern. Transformative Mediation unterscheidet sich insofern von rein lösungsorientierten Ansätzen, die meistens in rechtli-chen oder geschäftlichen Beziehungen angewendet werden und in erster Linie einen gemeinsamen Interessenausgleich anstreben.

> Mediation ist nur *ein* Verfahren zur Konfliktlösung. Es gibt verschiedene andere Möglichkeiten, die je nach Situation geeigneter sein können, einen Konsens oder Kompromiss zwischen den Konfliktparteien zu er-reichen, z.B. durch Beratung, Schlichtung oder (rechtliche) Entscheidun-gen. Mediation erscheint inbesondere in den Fällen sinnvoll, in denen die Konfliktparteien nicht mehr miteinander reden können, aber an einer ungestörten Beziehung für die Zukunft interessiert sind. Konflikte, die auf grundsätzlichen unterschiedlichen Wertvorstellungen oder unglei-chen Machtpositionen beruhen, können jedoch die Grenzen der Media-tion aufzeigen.

2.2.2 Ziele der Schulmediation

Ziele der Schulmediation sind eng mit dem jeweiligen Konzept der beteilig-ten Personen und Institutionen verbunden. Von Schule zu Schule, von Bun-desland zu Bundesland, können sich die Vorstellungen von dem, was man mit Mediation in der Schule erreichen möchte, unterscheiden. Generell las-sen sich jedoch zwei Ansätze von Schulmediation in der Praxis feststellen:

---

9 Vgl. hierzu Faller 1998, S.39-41.

Mediation als ein Verfahren zur Bearbeitung konkreter Konfliktsituationen in der Schule oder Mediation als Gesamtkonzept einer konstruktiven Konfliktbearbeitungskultur für die Schule.

Mediation als ein Verfahren zur Bearbeitung konkreter Konfliktsituationen in der Schule

Das Mediationsverfahren wird zunächst als Methode eingesetzt, einen (aktuellen) konkreten Konflikt zwischen zwei oder mehreren Personen in der Schule zu bearbeiten. Als Vermittler treten schulexterne oder -interne Mediatoren auf. Die Konfliktlösung betrifft nur die am Konflikt beteiligten Konfliktparteien.

Bei Konflikten mit Gruppen, z.b. Klassen oder Lehrerkollegien, durch die der gesamte Schulalltag gestört werden kann, wird Mediation zum Teil einer Krisenintervention. Der Konflikttrainer bzw. Mediator bezieht dabei auch nicht direkt vom Konflikt betroffene Beteiligte, z.B. Fach- und Klassenlehrer, in die Konfliktbearbeitung ein und verwendet (unter anderem) Techniken des Mediationsverfahrens. Die Konfliktlösung selbst berücksichtigt Gruppenprozesse und -interaktionen sowie die strukturellen Gegebenheiten der jeweiligen Schule.

Bei Konflikten von Lehrkräften, etwa mit Schülern oder Eltern, kann die kollegiale Beratung als Methode der Konfliktbearbeitung eingesetzt werden. Unter Anwendung von Mediationstechniken helfen sich Kollegen gegenseitig bei der Suche nach einer Konfliktlösung. Kollegiale Beratung kann mit oder ohne Begleitung durch einen Mediator stattfinden. Um dem Lehrerkollegium den Umgang mit aktuellen Konflikten zu erleichtern, können kollegiale Beratungsgruppen auch langfristig eingerichtet werden.

Mediation als Gesamtkonzept konstruktiver Konfliktbearbeitung für die Schule

Der Ansatz, den Gedanken der Mediation über die Konfliktlösung im Einzelfall hinaus in ein Gesamtkonzept der Schule einzubinden, verfolgt oftmals den Zweck der Gewaltprävention.[10] Die Veränderung der Konfliktkultur und die Verbesserung des Klimas in der jeweiligen Schule werden als Ziel angestrebt. Dabei stellt das Mediationsverfahren zur Regelung einzelner Konflikte nur einen Bestandteil des gesamten Programms dar. Bei Mediationsmodellen, die lediglich der Lösung aktueller Konfliktfälle dienen,

---

10 Siehe hierzu ausführlich Kapitel 6.4.1: Mediation als Gewaltprävention.

handelt es sich in der Regel um punktuelle Aktionen ohne feste Einbindung in die Schulorganisation.

Grundlage eines ganzheitlichen Vorgehens bildet die Ausbildung von Schülern und/oder Lehrern in konstruktiver Konfliktbearbeitung. Es sollen Wege aufgezeigt werden, Konflikte im Schulalltag in positive Aktionen umzusetzen. In Interaktions- und Kommunikationsübungen wird trainiert, auf Aggressionen und Konfliktsituationen deeskalierend zu reagieren. Insbesondere Schüler sollen dazu befähigt werden, Konflikte gewaltfrei auszutragen. Rollenspiele zum Mediationsverfahren verdeutlichen die Bedeutung von gegenseitiger Achtung, Akzeptanz und Toleranz bei der Suche nach tragfähigen Konfliktlösungen. Die Schulgemeinschaft insgesamt soll eine neuartige Streitkultur entwickeln, in der Konflikte offen angesprochen, sachgerecht besprochen und ohne persönliche Verletzungen bearbeitet werden können.

2.3 Das Mediationsverfahren

Das Mediationsverfahren besteht in der Regel neben dem **Mediationsgespräch** aus einer **Vor- und Nachbereitungsphase.**

Die Kontaktaufnahme zum Mediator kann durch die Konfliktparteien oder durch Dritte erfolgen. Mediatoren können aber auch aus eigenem Entschluss ihre Vermittlungstätigkeit anbieten. Sie müssen dabei versuchen, Akzeptanz für das Mediationsverfahren zu erzielen und Vertrauen in ihre Mediatorenrolle zu wecken. Bereits zu diesem Zeitpunkt kann es angebracht erscheinen, die Konfliktparteien über Sinn und Zweck des Mediationsverfahrens und dessen Ablauf zu unterrichten. Wenn es dem Mediator gelungen ist, die Betroffenen zur Teilnahme an der Mediation zu motivieren, wird er gemeinsam mit ihnen Termin und Ort für ein Mediationsgespräch vereinbaren.

In dieser Vorbereitungsphase kann der Mediator anhand der ihm zur Verfügung gestellten Informationen einen **Mediationsplan** entwerfen. Dieser soll nicht Lösungen vorweg skizzieren, sondern die effektive Gestaltung des Mediationsgesprächs, z.B. durch eine Vorstrukturierung der Konfliktsituation, unterstützen. Der Mediator entscheidet auf diese Weise z.B., welche weiteren Beteiligten in das Verfahren einbezogen und welche Aspekte bei der Bearbeitung des Konflikts besonders beachtet werden sollten. Zu diesem Zeitpunkt ist der Mediator aber auch in der Lage zu entscheiden, ob eventuell eine andere Art der Konfliktbehandlung sachgerechter erscheint.

In der Nachbereitung des Mediationsverfahrens können weitere Treffen des Mediators mit den Konfliktparteien stattfinden, um Probleme bei der Umsetzung der Vereinbarungen zu besprechen und, falls erforderlich, neu zu verhandeln.

2.3.1 Das Mediationsgespräch

Im Mittelpunkt des Mediationsverfahrens steht das Mediationsgespräch. In einer oder mehreren Sitzungen findet hier die eigentliche Bearbeitung des Konflikts mit Hilfe des Mediators statt. Die Teilnahme an dem Mediationsgespräch ist freiwillig und kann jederzeit von den Konfliktparteien beendet werden. Es steht den Beteiligten frei, spezielle Verfahrensmodalitäten, z.b. die Länge der einzelnen Treffen, zu vereinbaren. Einige allgemein anerkannte Regeln für den Ablauf des Mediationsgesprächs müssen von den Konfliktparteien ausdrücklich anerkannt werden: Beleidigungen und tätliche Angriffe sind nicht erlaubt. Gegenseitiges Zuhören und Ausredenlassen werden als Grundprinzip der Kommunikation anerkannt. Verlauf und Inhalt des Mediationsgesprächs sollen grundsätzlich vertraulich behandelt werden.

Das Mediationsgespräch verläuft idealtypisch in Phasen, die je nach Modell der Mediation in der Praxis oder in der Literatur unterschiedlich beschrieben werden. Fünf inhaltliche Abschnitte werden übereinstimmend für wichtig erachtet, wobei die Reihenfolge je nach Situation variieren kann:

1. Einleitung,
2. Sachverhaltsklärung,
3. Konflikterhellung,
4. Lösungssuche,
5. Vereinbarungen.[11]

■ Einleitungsphase

Das Mediationsgespräch soll in einer entspannten Atmosphäre stattfinden. Es bietet sich an, eine Räumlichkeit außerhalb des Konfliktbereichs zu wählen. Der Mediator begrüßt die Konfliktparteien. Nach einer gegenseitigen Vorstellung können (noch einmal) die Ziele des Mediationsverfahrens und sein Ablauf besprochen werden. Der Mediator sollte auf seine Rolle als neutraler Vermittler und auf die Vertraulichkeit des Mediationsgesprächs hinweisen. Es sollten Grundregeln für das Gespräch mit den Konfliktparteien vereinbart werden. In der Einleitungsphase muss ausreichend Gelegenheit bestehen, offene Fragen zu klären und Missverständnisse, z.B. zur Freiwilligkeit der Teilnahme, oder Befürchtungen auszuräumen. Erst, wenn die Konfliktparteien bereit sind, sich bei Kenntnis aller Umstände auf das Ver-

---

11 Vgl. Faller/Kerntke/Wackmann 1996, S.129-145.

fahren einzulassen, kann der Konfliktfall selbst angegangen werden. Je nach Situation kann der Mediator den bisherigen Stand der Dinge referieren, die Konfliktparteien um Ergänzungen bitten und dann zur Sachverhaltsklärung überleiten. Es ist wichtig, dass der Mediator in der Anfangsphase die Führung des Gesprächs, für dessen weiteren Verlauf er verantwortlich bleibt, übernimmt.

■ Sachverhaltsklärung

In dieser Phase geht es nicht um eine Sachverhaltsaufklärung im kriminalistischen oder juristischen Sinne. Es wird nicht nach Wahrheit oder Schuld gefragt, sondern die Konfliktparteien sollen ausreichend Gelegenheit erhalten, jeweils ihre Sichtweise des Konflikts vorzutragen. Dies findet zunächst im Dialog zwischen Mediator und jeweiliger Konfliktpartei statt, wobei der Mediator durch aktives Zuhören, Nachfragen, Wiederholen und Zusammenfassen des Gesagten Klarheit in die Aussagen bringt. Während dieser Phase läuft die Kommunikation weitgehend über den Mediator; es kann aber auch zu einem direkten Austausch zwischen den Konfliktparteien kommen, z.B. über Verständnisfragen oder Rückmeldungen zur Darstellung des Konflikts. Zu diesem Zeitpunkt können bereits Gemeinsamkeiten und Unterschiede bei der Konfliktbetrachtung festgehalten werden.

■ Konflikterhellung

Der Mediator soll den Konfliktparteien durch Befragen behilflich sein, den Hintergrund des Konflikts zu erhellen, um damit die Konfliktbearbeitung zu erleichtern. Die Konfliktparteien sollen über ihre Interessen, Erwartungen und Wünsche reden. Sie erhalten die Gelegenheit, Gefühle, Motive, persönliche Verletzungen und augenblickliche Stimmungen anzusprechen. Jede Konfliktpartei soll dabei die Bedeutung des Konflikts für die andere erfassen und die eigene Position überdenken (Perspektivenübernahme). Der Mediator unterstützt diesen Prozess durch entsprechende Fragen, z.B. »Was hast Du gedacht, als ...?« oder »Wie geht es Dir, wenn Du hörst, dass ...?«. Ziel dieser Gesprächsphase ist es, eine direkte Kommunikation zwischen den Konfliktparteien herzustellen, damit sie sich unmittelbar über den Konflikt austauschen können.

■ Lösungssuche

Die Konfliktparteien sollen nach Lösungen für ihren Konflikt suchen. Dabei sollen möglichst viele Ideen gesammelt werden, z.B. durch Brainstorming. Vorschläge durch den Mediator sollten höchstens indirekt eingebracht werden. Die Konfliktparteien müssen selbst überlegen, was sie zu tun bereit sind und was sie von dem anderen erwarten. Die Vorschläge zur Konfliktlösung werden gesammelt, gemeinsam besprochen und bewertet. Es werden die Lösungsvorschläge ausgewählt, die von beiden Konfliktparteien akzeptiert werden.

■ **Vereinbarungen**

Zum Abschluss des Mediationsgesprächs sollen sich die Konfliktparteien auf die für sie, aus ihrer Sicht, beste Lösung einigen und eine entsprechende Vereinbarung formulieren. Diese Übereinkunft sollte schriftlich fixiert und unterschrieben werden. Sie muss genau beschreiben, was die Konfliktparteien in Zukunft zu tun beabsichtigen. Eventuell kann ein Folgetermin vereinbart werden, um die Einhaltung des Vereinbarten zu überprüfen oder die Vereinbarung nachzubessern. Der Mediator sollte die Konfliktparteien vor unrealistischen Zusagen warnen und ihnen erforderlichenfalls empfehlen, Experten, z.B. zu Fragen des Schadensersatzes, einzuschalten. Das Mediationsgespräch endet mit dem Dank an die Beteiligten und der Verabschiedung voneinander. Bereits hier kann es zu versöhnenden Gesten, z.B. einer Entschuldigung, kommen.

2.3.2 Das Mediationsverfahren im Schulalltag

Das Mediationsverfahren im Schulalltag unterliegt besonderen situativen Bedingungen. Zunächst sind es räumliche und zeitliche Vorgaben, die den idealtypischen Verlauf des Verfahrens beeinträchtigen können. Innerhalb des Schulbetriebs eine ruhige und entspannte Atmosphäre für ein Mediationsgespräch herzustellen, ist schwierig, auch wenn einige Schulen spezielle Mediationsräume eingerichtet haben. Das Mediationsgespräch muss in die Unterrichtseinteilung eingefügt werden, d.h. es stehen oftmals nur circa 20 Minuten in einer Pause zu Verfügung, um den Konflikt zu bearbeiten. Folgetreffen scheitern oftmals an fehlenden organisatorischen Vorgaben.

Eine Besonderheit bei der Durchführung des Mediationsverfahrens in der Schule ergibt sich aber auch aus der Tatsache, dass oftmals sowohl die Konfliktparteien als auch die Mediatoren Schüler sind. Bei jüngeren Schülern muss das Verfahren entsprechend verkürzt und vereinfacht werden. In Einzelfällen können Konflikte die Kompetenz der Schülerstreitschlichter überfordern, z.B. bei rechtlich begründeten Forderungen, so dass Lehrer oder andere Erwachsene in das Verfahren eingeschaltet werden müssen. Der Grundsatz der Freiwilligkeit kann eingeschränkt sein, wenn Lehrer Schüler zu den Mediatoren schicken, teilweise mit dem Hinweis auf andere Sanktionsmöglichkeiten. Die Kontaktaufnahme für die Mediation erfolgt in der Schule oftmals durch die Mediatoren selbst, die zudem Aufgaben zur Betreuung jüngerer Schüler übertragen bekommen. Schülerstreitschlichter sind, bedingt durch den eigenen Stundenplan, nur zu bestimmten Zeiten ansprechbar. Ein weiteres Problem kann das Prinzip der Vertraulichkeit darstellen, wenn z.b. Lehrer oder Eltern wissen möchten, was in dem Mediationsgespräch besprochen wurde. Schüler können aber auch selbst leichtsinnig mit den Informationen umgehen, so dass z.b. schriftliche Vereinbarungen in falsche Hände geraten können. Schülerstreitschlichter müssen sich der Unterstützung durch das Lehrerkollegium und die Mitschüler gewiss sein.

Beim Mediationsverfahren in der Schule müssen teilweise nicht nur die Phasen des Mediationsgesprächs an die Fähigkeiten der Schüler angepasst werden, sondern auch die Vereinbarungen so getroffen werden, dass sie den tatsächlichen Möglichkeiten der Schüler gerecht werden. Schülerstreitschlichter wiederum benötigen ein besonderes jugendgerechtes Training, das ihrer Rolle in der Schule entspricht. **Für nicht zulässig sollte die Verbindung von Mediatorenrolle und Ordnungs- bzw. Aufsichtsfunktionen angesehen werden.** Das Mediationsverfahren in der Schule muss zudem in die gesamte Konfliktkultur der Schule eingebunden sein und eine professionelle Verbreitung bei allen Schulangehörigen finden, um seine Wirkung entfalten zu können. Ein Mediationsgespräch in der Schule bedeutet nicht alleine Konfliktbearbeitung zwischen Konfliktparteien, sondern es ist in das Interaktions- und Kommunikationsgefüge der ganzen Schule eingebettet.

2.4 Die Mediatoren

Mediator ist keine rechtlich geschützte Berufsbezeichnung. Personen mit unterschiedlicher Ausbildung oder beruflicher Vorbildung können als Mediatoren tätig werden. Je nach Berufsrichtung, Qualifikation oder ideologischem Hintergrund werden die Ansätze der Mediation gewählt. Für die Ausbildung von Mediatoren gibt es noch keine allgemeinverbindlichen Voraussetzungen. Die Diskussion um die Anerkennung von Mindestandards für die Schulmediation wird jedoch seit einiger Zeit intensiv geführt. Die Fachgruppe Mediation in der Schule und Jugendarbeit des Bundesverbandes Mediation e.V. hat Vorschläge für die Mediationsausbildung formuliert. Es gibt zudem einige Regeln für die Mediatorentätigkeit, die diese von anderen Professionen abgrenzt, und von allen Mediatoren, auch im Schulbereich, beachtet werden sollten.

2.4.1 Aufgaben des Mediators

Der Mediator muss als Vermittler zwischen den Konfliktparteien neutral und unparteiisch sein. Seine Aufgabe ist es, einen geeigneten Rahmen für die Kommunikation zu schaffen. Dazu gehört die Planung und Gestaltung des

Settings für das Mediationsgespräch. Von der Begrüßung der Konfliktparteien an bis hin zur schriftlichen Fixierung einer Vereinbarung soll der Mediator den Verlauf des Gesprächs leiten und ihm die entsprechenden Impulse geben. Er kann bzw. muss die Gesprächsführung übernehmen und auf die Einhaltung bestimmter Regeln achten, soll dabei jedoch allparteilich handeln, d.h. sich für alle Konfliktparteien engagiert einsetzen. Die Rolle des Mediators besteht darin, eine Gesprächsbasis für die Konfliktparteien herzustellen, damit diese eine gemeinsame Konfliktbearbeitung und -lösung erreichen können. Der Mediator muss aber darauf achten, dass die Konfliktparteien nicht zu schnell auf eine Lösung zusteuern. Er soll sie nicht zu Kompromissen drängen. Für die Erfüllung seiner Aufgabe stehen dem Mediator bestimmte Techniken der Gesprächsführung und des Mediationsverfahrens, die er während seiner Ausbildung gelernt haben sollte, zur Verfügung. In geeigneten Fällen kann der Mediator die Mediation auch gemeinsam mit einem Kollegen bzw. einer Kollegin (Co-Mediation) durchführen.

Der Mediator ist kein Moderator, Schlichter oder Richter, auch wenn er sich, wie diese, mit Konfliken beschäftigt. Die Aufgabe des Mediators erschöpft sich in der Herstellung einer kommunikativen Atmosphäre und der Unstützung der Konfliktparteien bei der Erhellung ihres Konflikts. Der Mediator darf nicht in eine Ermittlerrolle geraten. Er muss es den Konfliktparteien überlassen, ihren Konflikt selbstverantwortlich zu lösen. Ein Mediator sollte aber auch nicht als Psychologe, Psychotherapeut oder Psychiater tätig werden wollen, da er keine tiefenpsychologische Diagnose des Konfliktgeschehens zu leisten hat. Er bleibt der Autonomie der Konfliktpartein während des Mediationsverfahrens und dem Grundsatz der Freiwilligkeit dessen, was sie offenbaren möchten, verpflichtet.

2.4.2 Schulexterne und schulinterne Mediatoren

Es gibt selbständig niedergelassene Mediatoren, die nur zur Vermittlung bei Konfliktfällen in die Schule kommen oder Trainingseinheiten zur Ausbildung von Schulangehörigen zu Mediatoren anbieten.

In den Schulen selbst werden Schulleiter, Lehrer, teilweise auch Sozialarbeiter und Eltern als Mediatoren tätig. Zunehmend werden Schüler als Streitschlichter ausgebildet und für die Schlichtung von Konflikten ihrer Altersgenossen (Peer-Mediation) eingesetzt.

Ein Vorteil der schulexternen Mediatoren liegt in ihrer Neutralität und Unabhängigkeit von der Schule und den Beteiligten im konkreten Konfliktfall.

Insbesondere bei Gruppenkonflikten, die einer Krisenintervention bedürfen, können externe Mediatoren unvoreingenommener agieren. Auch bei Konflikten zwischen Lehrkräften oder Schülern und Lehrkräften bleibt ihre Position als Vermittler unangreifbar. Auf der anderen Seite fehlen schulexternen Mediatoren genaue Kenntnisse der Umstände vor Ort, und sie müssen zunächst erst Vertrauen und Akezptanz bei den Vertretern der Schule erzielen. Falls sie lediglich für die Vermittlung in einem Einzelfall gerufen werden, fehlt ihnen weitgehend die Möglichkeit, die Konfliktkultur in der Schule insgesamt zu beeinflussen. Dies kann auf das konkrete Mediationsverfahren zurückwirken, insbesondere, wenn, über lange Zeiträume hinweg verkrustete, Beziehungen aufgebrochen werden sollen. Die Einschaltung externer Mediatoren erfordert auf Seiten der Schulen die Bereitschaft, Fremden Einblick in ihr Konfliktgeschehen zu gewähren. Dabei entstehen zudem oftmals Kosten, die viele Schulen aus eigenen Mitteln nicht tragen können.

Schulangehörige Mediatoren sind zwar kostengünstiger, in der Regel auch schneller erreichbar und mit der Problematik in ihrer Schule besser vertraut, können jedoch leicht in eine Doppelrolle als neutrale Vermittler einerseits und Funktionsträger der Schule andererseits geraten. Der Erfolg des Mediationsverfahrens wird dann durch Machtproblematiken oder Interessenkonflikte, die mit der Person des Mediators im Schulalltag verbunden sind, gefährdet. Da die meisten Schulen aus finanziellen Gründen langfristig Mediation in eigener Regie betreiben werden, müssen sie versuchen, geeignete Maßnahmen zu ergreifen, z.B. durch Austausch von Mediatoren mit anderen Schulen, um die Neutralität des Mediationsverfahrens gewährleisten zu können.

2.4.3 Peer-Mediation (Mediation durch Mitschüler)

Peer-Mediation bedeutet Vermittlung bei Konflikten durch Gleichaltrige. Es entspricht der Idee der Erziehung von Jugendlichen durch Jugendliche (Peer-Education), da sie besser als Erwachsene in der Lage sind, die Probleme ihrer Altersgenossen zu erfassen, z.B. im Bereich der Sucht- oder Sexualberatung. In der Schule werden Schüler zu Mediatoren ausgebildet, weil ihnen die Konflikte ihrer Mitschüler vertraut sind und sie diese altersgerecht lösen können. Gleichzeitig sollen Schüler bei der Peer-Mediation lernen, Verantwortung für ihr eigenes Handeln zu übernehmen und Konflikte konstruktiv und gewaltfrei zu lösen. Die Rolle der Lehrkräfte beschränkt sich in der Regel auf die Ausbildung der Peer-Mediatoren und ihre Betreuung als Coaches. Teilweise übernehmen sie aber auch die Mediation in Konflikten, bei denen die Kompetenzen der Schülermediatoren überfordert sind.

▪ Auswahl der Peer-Mediatoren

Die Auswahl der Schüler, die zu Mediatoren ausgebildet werden möchten, erfolgt nach unterschiedlichen Prinzipien. Manche Schulen wählen bewusst Schüler aus, die sich durch besondere Tätigkeiten, z.b. als Mitglieder in der Schülervertretung, oder soziale Fähigkeiten im Schulleben auszeichnen. Diese Schüler sollen besonders geeignet sein, Konflikte neutral zu bearbeiten. Andere Schulen binden gezielt Schüler in die Mediationsausbildung ein, die selbst oft in Konflikte verwickelt sind, in der Annahme, dass diese anhand der eigenen Erfahrung Mitschülern besonders gut helfen können. Teilweise werden die zukünftigen Mediatoren von ihren Mitschülern ausgewählt, teilweise bestimmen Lehrkräfte, wer an der Mediationsausbildung teilnehmen darf.

▪ Ausbildung der Peer-Mediatoren

In einigen Schulen werden bestimmte Jahrgänge bzw. Klassen mit den Methoden der Mediation vertraut gemacht und anschließend Schüler für die Mediationsausbildung ausgewählt. Andere Schulen lassen einzelne Schüler direkt zu Mediatoren ausbilden. Die Ausbilder können schulexterne oder schulinterne Trainer sein. Zunehmend sind es Lehrer, die selbst eine entsprechendes Training absolviert haben, die Ausbildung und Betreuung der Schüler übernehmen. Der zeitliche Aufwand für die Ausbildung ist je nach Programm unterschiedlich. Es gibt kurzfristige Trainingskurse, aber auch Ausbildungseinheiten, die sich über ein Schuljahr erstrecken. In einzelnen Schulen ist die Ausbildung zum Peer-Mediator neben dem Training von Kommunikations- und Interaktionsfähigkeiten mit dem Vermitteln emotionaler und sozialer Kompetenzen (soziales Lernen) verbunden. Ausbildungsorte sind Räumlichkeiten in oder außerhalb der Schule. Die Ausbildung findet stundenweise oder ganztags, teilweise auch an Wochenenden, statt. Die Schüler erhalten in der Regel zum Abschluss der Mediationsausbildung ein Zertifikat. Für ihre Tätigkeit als Peer-Mediatoren erhalten sie eine spezielle Urkunde.

▪ Organisation der Peer-Mediation

Schulen organisieren Peer-Mediation auf verschiedene Weise, je nachdem, ob die Schüler schulübergreifend oder auf der Klassenebene tätig werden. Unterschiede gibt es auch zwischen den Modellen, bei denen die Peer-Mediatoren aktiv auf ihre Mitschüler zugehen und sie zu einem Mediationsgespräch motivieren, und den Ansätzen, bei denen die Mediatoren warten, bis Schüler mit Konflikten zu ihnen kommen. Einige Schulen haben spezielle Mediationsräume eingerichtet, in denen die Peer-Mediatoren zu festen Zeiten, meistens in den Pausen, Mediationsgepräche durchführen können. Die

Albert-Einstein-Schule

Integrierte Gesamtschule
mit Ganztagsangebot
des Kreises Offenbach
63225 Langen, 23. Mai 2000

Z e r t i f i k a t

Der Schüler

Alexander Borkenhagen

war engagiert und erfolgreich als

Schul-Mediator

während des Schuljahres 1999/2000
an der Albert-Einstein-Schule, (IGS)
tätig.

Er arbeitete dabei sowohl in Einzelgesprächen als auch im Rahmen eines
Tandems mit SchülerInnen der 5.-10. Klassen zusammen, die in einen Konflikt
involviert waren und führte deren Streitigkeiten mit den Methoden der
PEER-MEDIATION zu positiven Ergebnissen.
In seiner Rolle als Streit-Vermittler entwickelte Alexander ein hohes Maß an

· **Teamfähigkeit**
· **Sozialer und kommunikativer Kompetenz**
sowie an
· **Methodenkompetenz**

Die Schule möchte sich für diese vorbildliche Arbeit bei Alexander
bedanken und ihm die volle Anerkennung aussprechen.

Langen, den 23. Mai 2000

G. Harnischfeger
Direktor

K.P. Meeth
Projektleiter Peer-Mediation

Abb. 1: Zertifikat für Schul-Mediatoren an der Albert-Einstein-Schule in
Langen

Schüler, die als Mediatoren zur Verfügung stehen, arbeiten meistens in Tandems, z.B. ein Junge und ein Mädchen, auf die jeweiligen Tage verteilt.

Die Bezeichnungen für die Peer-Mediatoren variieren in der Praxis von Schülerstreitschlichtern bis hin zu Konfliktlotsen. Teilweise werden den Peer-Mediatoren in den Schulen Funktionen als Tutoren oder Mentoren für die Schüler der Eingangsklassen zugewiesen.

2.4.4 Die Ausbildung von Mediatoren

Mediatoren für den Schulbereich können an den Schulen von Kollegen, die eine Mediationsausbildung besitzen und als Multiplikatoren fungieren, ausgebildet werden. Zurzeit wird die Mediationsausbildung noch überwiegend durch selbständige externe Trainer oder spezielle Einrichtungen, z.B. zur Lehrerfortbildung, durchgeführt. Vereinzelt gibt es Ausbildungseinheiten zur Schulmediation an Fachhochschulen und Universitäten, z.B. an der Evangelischen Fachhochschule Ludwigshafen im Rahmen des berufsbegleitenden Weiterbildungsstudiengangs Mediation oder an der FernUniversität Hagen als ein Teil des weiterbildenden Studiengangs Mediation.

Die Ausbildung besteht aus theoretischen und praktischen Teilen. Im Mittelpunkt stehen Rollenspiele zum intensiven Training des Mediationsgesprächs. In Kommunikations- und Interaktionsübungen werden Mediationstechniken erlernt, z.B. das aktive Zuhören, das Spiegeln von Aussagen und das Zusammenfassen des Gesagten sowie nichtverletzende Ärgermitteilungen. Anhand bestimmter Methoden, wie etwa der Spinnwebanalyse oder der Problemlandkarte, werden Analysen und Diagnosen von Problem- und Konfliktlagen in Schulen geübt, um ein Konfliktlösungsdesign für die jeweilige Schule erstellen zu können.[12]

Die Dauer der Ausbildung hängt vom Ausbilder und dem Programm ab. Oftmals zerfallen Ausbildungseinheiten in ein Basistraining zur Vermittlung der Grundfertigkeiten der Mediation und in aufbauende, weiterführende Kurse zur Vertiefung und Erweiterung der Methoden. Hier werden zur Übung aktuelle Konfliktfälle aus der Schule verwendet. Die Bescheinigungen über die Teilnahme an einer Mediationsausbildung sind ebenso vielfältig wie die Ausbildungsangebote selbst. Ein allgemein anerkanntes Zertifikat für Schulmediatoren gibt es zurzeit nicht!

---

12 Zu den Methoden in der Mediation siehe die entsprechenden Übungsbücher, z.B. Faller/Kerntke/Wackmann 1996.

2.5 Mediation und Schulprogramm

Schulprogramme sollen langfristige Schulentwicklungsprozesse fördern, um die Qualität schulischer Arbeit zu verbessern. Schulen werden, teilweise in den Schulgesetzen als Verpflichtung formuliert, dazu angehalten, sich ein pädagogisches Konzept zu erstellen. Sie sollen ihre Ziele und Aufgaben definieren und die zukünftigen Schwerpunkte ihrer Arbeit darstellen. Durch die Evaluierung der bisherigen Schularbeit soll die Basis einer qualitativen Planung für die Zukunft geschaffen werden. Einzelne Schulen sehen konstruktive Konfliktbearbeitung (Mediation) als einen Baustein ihres Erziehungsauftrages an und integrieren diesen, oftmals in Verbindung mit dem Anliegen der Gewaltprävention, in ihr Schulprogramm.

2.5.1 Die Etablierung von Mediation in der Schule

Die Initiative zur Einführung von Mediation geht in der Praxis meistens von den einzelnen Schulen aus. Oftmals sind es Lehrkräfte, die den Gedanken in die Schule hineintragen. In der Regel wird die Schulgemeinschaft auf einem Projekttag oder pädagogischen Tag mit Mediation vertraut gemacht. Dabei kann es sich um schulexterne Veranstaltungen handeln, z.B. im Rahmen der Behandlung des Themas »Gewalt an Schulen«, oder um schulinterne Angebote, bei denen externe Fachleute oder geschulte Angehörige der Schule die Idee der Mediation, eventuell mit praktischen Beispielen verbunden, vorstellen. Je nach Programm können an diesen Tagen Schüler, Lehrer, Eltern und andere interessierte Kreise teilnehmen. In manchen Schulen schließt sich an diese Informationsveranstaltungen eine Schul- oder Gesamtkonferenz an, in der das weitere Vorgehen beraten wird, d.h. u.a. diskutiert wird, ob und wie die Schule Mediation einführen möchte.

Die Umsetzung der Mediationsidee sieht in den Schulen verschieden aus. Manche Schulen lassen Schüler und/oder Lehrer in der Methode der Mediation ausbilden, andere institutionalisieren, teilweise mit externer Unterstützung, das Mediationsangebot, und dritte führen Mediation als Unterrichtsfach bzw. Aspekt des Fachunterrichts ein.

Viele Schulen bilden lediglich ausgewählte Schüler zu Peer-Mediatoren aus, nur wenige lassen ganze Klassen ein Mediationstraining durchlaufen. Oftmals bleiben Aktivitäten im Bereich der Mediation Einzelveranstaltungen engagierter Lehrkräfte, teilweise werden sie in Gewaltpräventionsprogramme eingebunden. Teilweise wird versucht, Eltern und Elternfördervereine in das Mediationsprojekt einzubeziehen. Oftmals führen derartige Programme zu einer Öffnung der Schule nach außen. Es werden z.B. gemeinsame Aktivitäten mit Vertretern der Jugendhilfe oder der Polizei durchgeführt oder regelmäßige Treffen an »runden Tischen« mit Personen aus der Jugendarbeit organisiert.

2.5.2 Modellprojekt »Mediation und Schulprogramm« in Hessen[13]

Schulmediation gewinnt zunehmend im ganzen Bundesgebiet an Bekanntheit. Zumindest als Modellversuche an einzelnen Schulen finden sich Projekte der Schulmediation inzwischen in allen Bundesländern.[14]

Das Projekt »Mediation und Schulprogramm« wird vom Pädagogischen Institut in Frankfurt am Main, aufbauend auf dem Konzept und den Erfahrungen des Jugendbildungswerks der Stadt Offenbach am Main, seit dem Schuljahr 1997/98 in Hessen durchgeführt. Von den circa 150 der 2000 hessischen Schulen, die sich in den letzten drei Jahren mit Mediation beschäftigt haben, nehmen knapp 120 an diesem Projekt teil.

Das Konzept diese Projekts beruht auf einem systemischen Ansatz, d.h. über punktuelle Einzelaktionen hinaus soll Mediation in die Gesamtheit der Schule integriert und auf diese Weise die Konfliktkultur an der jeweiligen Schule verändert werden. Es wird auf langfristige und stetige Entwicklungsprozesse gebaut, um die Idee konstruktiver Konfliktbearbeitung umzusetzen. Das Verständnis von Schule als System soll dazu beitragen, bei der Implementierung von Mediation alle betroffenen Menschen einzubeziehen. In Kenntnis der Strukturen vor Ort wird eine Strategie entwickelt, die wichtigen Organe der Schule anzusprechen, bereits vorhandene Arbeitsformen zu nützen, die Kompetenzen aller Beteiligten zu erweitern und externe Unterstützungssysteme einzubinden. Von der Annahme ausgehend, dass in der Schule Schulleitung und Lehrerschaft Schlüsselfiguren zur Einführung einer neuen Konfliktkultur darstellen, wird versucht, möglichst viele von ihnen zu qualifizieren, um den Mediationsgedanken im Schulganzen zum Tragen zu bringen.

Die Ausbildung der Lehrer in Mediation erfolgt nach einem Bausteinsystem; parallel dazu oder an das Lehrertraining anschließend werden die Schüler mit Mediation vertraut gemacht. Im Rahmen des Projekts »Mediation und Schulprogramm« sind spezielle Standards für die Ausbildung von Trainern und Schulmediatoren entwickelt worden.

---

13 Vgl. Rademacher/Simsa 1999 und Rademacher in: Simsa/Schubart 2001.
14 Siehe hierzu einige der Länderberichte in Simsa/Schubarth 2001.

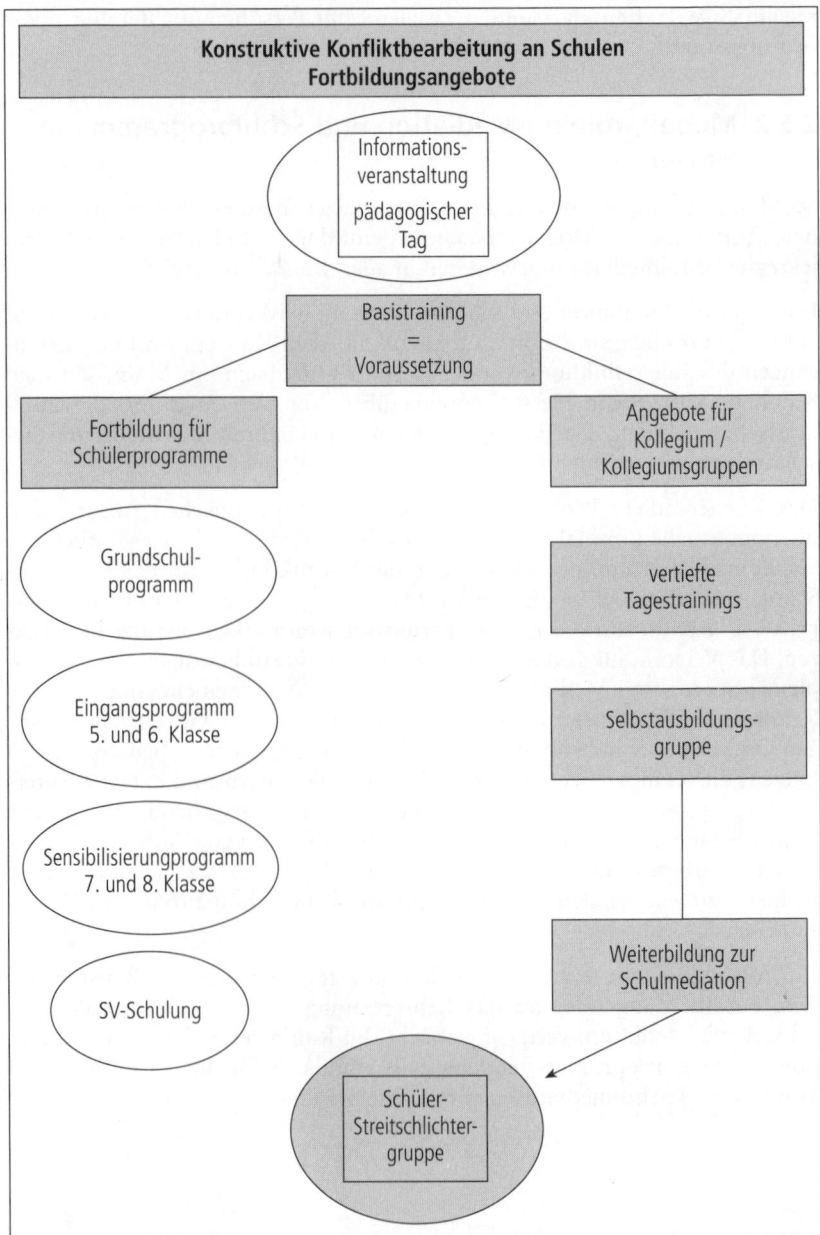

Abb. 2: Fortbildungsbausteine im Projekt »Mediation und Schulprogramm« –
Helmolt Rademacher, Pädagogisches Institut Frankfurt am Main 2000

■ **Basis- und Aufbautraining für Lehrer**

Im Basistraining wird interessierten Lehrkräften ein Grundverständnis von Mediation und konstruktiver Konfliktbearbeitung vermittelt. Es umfasst in der Regel zwei Kompakttage und vier Nachmittage über ein halbes Schuljahr verteilt. Bei entsprechender Nachfrage wird die Mediationstechnik in einem Aufbaukurs durch intensives Methodentraining anhand fiktiver oder realer schulischer Probleme vertieft. Die Trainingseinheiten werden meistens von freiberuflichen Trainern durchgeführt. In einigen Schulen bzw. Regionen haben sich Selbstausbildungsgruppen gebildet, um ihre Kenntnisse in Mediation zu vertiefen. Die Finanzierung der Trainingseinheiten erfolgt durch Eigenbeteiligung der Lehrkräfte und Zuschüsse aus Mitteln der Regionalstellen des Hessischen Landesinstituts für Pädagogik. Gefördert wird auch die Ausbildung von Lehrern der Sekundarstufe 1, die in den 5. und 7. Jahrgangsstufen Klassenprogramme (Eingangs- und Sensibilisierungsprogramm) durchführen.

■ **Eingangsprogramm für 5. und 6. Klassen**

Das Eingangsprogramm für 5. und 6. Klassen hat zum Ziel, die Schüler in den neu zusammengesetzten Klassen zu einem kooperativen Umgang miteinander zu veranlassen. Gleichzeitig sollen sie für die konstruktive Bearbeitung von Konflikten und die Grundlagen der Mediation vorbereitet werden. In altersgemäßen Übungen behandeln die Schüler Themen, wie etwa »unsere Klassengemeinschaft«, »Kennenlernen«, »miteinander reden«, »Probleme bearbeiten« und »gemeinsame Regeln aufstellen«. Dabei sollen sie lernen, besser miteinander zu kommunizieren und Unterschiede bei den Klassenkameraden zu akzeptieren.

■ **Sensibilisierungsprogramm für 7. und 8. Klassen**

Das Sensibilisierungsprogramm für 7. und 8. Klassen baut auf dem Eingangsprogramm für 5. und 6. Klassen auf. Es soll auf die Umbruchsphase der Pubertät der Schüler und die Integration neuer Schüler in dieser Jahrgangsstufe reagieren. Das Training umfasst u.a. Gesprächsübungen, Rollen- und Interaktionsspiele, die auch für die Ausbildung der zukünftigen Peer-Mediatoren benützt werden können. Die Programme für 5. und 6. sowie 7. und 8. Klassen werden meistens durch externe Trainer in Zusammenarbeit mit den Klassenlehrern durchgeführt.

■ **Schülervertreter-Training (SV-Schulung)**

Dieses Training richtet sich an Schul- und Klassensprecher, um mit den an ihre Rolle gestellten Anforderungen konstruktiv umgehen zu lernen. Sie sollen ihre Kommunikationsfähigkeiten verbessern und gleichzeitig den Mediationsgedanken über die Klassenprogramme hinaus verbreiten. Das Schülervertreter-Training richtet sich auch an die Verbindungslehrer, die am Training teilnehmen sollen, um neue Impulse in die Schülervertretungsarbeit einzubringen und die Aktivitäten der Schülervertreter neu zu strukturieren.

■ **Ausbildung von Peer-Mediatoren**

Nach der Idee des Projekts »Mediation und Schulprogramm« sollen Schülerstreitschlichtergruppen erst eingerichtet werden, wenn ausreichend Lehrer und Schüler für die konstruktive Konfliktbearbeitung sensibilisiert worden sind. Interessierte Schüler können dann in einem intensiven Training (30 bis 40 Unterrichtseinheiten) zu Mediatoren ausgebildet werden. Das Training kann durch externe Trainer oder Lehrkräfte erfolgen. Mit den Peer-Mediatoren sollte jedoch geklärt werden, welche Konflikte bearbeitet werden sollen und wann, wo bzw. wie die Peer-Mediation in den Schulalltag integriert werden kann. Außerdem sollen bestimmte Lehrer den Schülern als Betreuer zur Verfügung stehen.

■ **Grundschulprogramm**

Das Projekt »Mediation und Schulprogramm« richtet sich an alle Schulformen. Für Grundschulen gibt es ein Programm, nach dem die Klassenlehrer der Klassen eins bis vier bestimmte auf die spezielle Situation der jeweiligen Klasse abgestellte Themen besprechen sollen. Die Schüler sollen dabei lernen, über Konflikte zu reden und sie gewaltfrei auszutragen. Mit Hilfe des Lehrers sollen aktuelle Auseinandersetzungen in den Klassen aufgearbeitet werden. Ziel des Programms ist die Stärkung des Selbstwertgefühls, die Förderung des Umgangs mit Gefühlen und das Zusammenwirken im Klassenverband sowie die Erzeugung von Toleranz gegenüber Unbekanntem und Fremdem.

Zurzeit wird auch ein Sonderschulprogramm an Modellschulen entwickelt.

2.6 Träger der Schulmediation

Auf dem Gebiet der Schulmediation sind freie Träger der Jugendhilfe, z.B. kirchliche Einrichtungen, und staatliche Institutionen, z.B. Institute zur Lehrerfortbildung, tätig. Vielfach bieten auch Vereine, die etwa einen Täter-Opfer-Ausgleich durchführen, Schulmediation an. In Frankfurt am Main steht ein Pool von Streitvermittlern aus dem Schul- und Jugendhilfebereich zur Verfügung, der Mediatoren bei Konfliktfällen auf Nachfrage in die

Schulen sendet. Zunehmend wird Schulmediation aber auch von privaten »Instituten« und frei niedergelassenen Mediatoren übernommen, die dafür unterschiedlich hohe Honorare fordern. Die Angebote in der Schulmediation umfassen sowohl die Mediation im Konfliktfall als auch die Ausbildung von Schulmediatoren. Aus finanziellen Gründen gehen viele Schulen dazu über, die Ausbildung durch geeignete Schulangehörige (Multiplikatoren) durchführen zu lassen.

2.7 Finanzierung von Schulmediation

Die Finanzierung von Schulmediation kann, ebenso wie die Trägerschaft, bei verschiedenen Stellen liegen. Zunächst kommen staatliche Einrichtungen, die für das Schulwesen zuständig sind, ebenso wie sonstige Institutionen der Kreise und Kommunen in Betracht. In einigen Bundesländern unterstützen spezielle Institute für Lehrerfortbildung die Mediationsprogramme mit sachlichen und materiellen Mitteln. In der Regel handelt es sich jedoch um Zuschüsse zu den Ausbildungsprogrammen, die durch die finanzielle Eigenbeteiligung, z.b. der Lehrer beim Mediationstraining, aufgestockt werden. Die Schulen selbst besitzen meistens nur einen kleinen oder keinen Etat für derartige Programme. Sie müssen Geldbeträge von privatwirtschaftlichen Sponsoren, z.b. Sparkassen, und Fördervereinen, z.b. der Elternschaft, einwerben. Einige Schulen »finanzieren« Mediationsprogramme in engem Anschluss an andere kommunale Einrichtungen, z.b. der Jugendhilfe. Insgesamt ist aber der Etat der Schulen für Projekte konstruktiver Konfliktberatung eher gering, so dass es zu Mischfinanzierungen kommen oder zunehmend auf eigenes Personal bei der Durchführung zurückgegriffen werden muss.

2.8 Zusammenfassung

Mediation ist Konfliktvermittlung durch einen Mediator. Die Teilnahme am Mediationsverfahren ist freiwillig. Für die Erarbeitung der Konfliktlösung sind die Konfliktparteien selbst verantwortlich. Der Mediator muss neutral und allparteilich sein. Er gestaltet lediglich den Rahmen für das Mediationsgespräch und unterstützt die Konfliktparteien auf dem Weg zur offenen Kommunikation.

In der Schule unterliegt Mediation speziellen Bedingungen, die den idealtypischen Ablauf eines Mediationsverfahren oftmals nicht erlauben. Es sind zeitliche, räumliche, personelle und materielle Einschränkungen, die eine

Umsetzung von Mediation in der Schulpraxis erschweren. Bisweilen können aber auch die Konflikte in der Schule für eine Mediation ungeeignet erscheinen.

Projekte der Schulmediation gibt es inzwischen in allen Bundesländern. Peer-Mediationsprogramme stehen im Mittelpunkt. Die bisherigen Ansätze von Mediation an Schulen unterscheiden sich in der Auswahl und Ausbildung der Mediatoren ebenso wie in der Planung und Umsetzung des Mediationsvorhabens.

Mediation in der Schule kann sich auf die Bearbeitung einzelner Konfliktfälle beschränken oder den Aufbau einer neuartigen Konfliktlösungskultur im Schulalltag anstreben. In Hessen geht das Modellprojekt» Mediation und Schulprogramm« von dem systemischen Gedanken aus, dass Mediation zum Teil des pädagogischen Gesamtkonzepts einer Schule werden muss. Es werden deshalb möglichst viele Lehrer und Schüler in die Mediationsausbildung einbezogen.

Der Bereich der Mediation in der Schule ist zurzeit noch weitgehend für individuelle Regelungen offen. Es gibt keine allgemein verbindliche Ausbildung für Schulmediatoren. Standards für die Schulmediation werden erst diskutiert. Zunehmend wird Schulmediation auf dem »Mediationsmarkt« jedoch als Einnahmequelle erkannt, und Schulen, denen es oft an finanziellen Mitteln für derartige Programme fehlt, übernehmen die Mediationsausbildung in eigener Regie.

3. Schulmediation in der Praxis

Es gibt inzwischen in einigen Schulen Erfahrungen mit Mediation. Wissenschaftliche Untersuchungen zur Schulmediation gibt es nur wenige. Diplom- und Doktorarbeiten beschäftigen sich nur mit Teilaspekten. Eine fundierte empirische Forschung zur Effizienz verschiedener Ansätze, insbesondere zu Programmen mit Schülerstreitschlichtern, fehlt. Soweit Berichte zur Schulmediation in Deutschland vorliegen, handelt es sich meistens um Dokumentationen oder Selbstevaluationen von Projekten. Die bisherigen Materialien zur Schulmediation lassen aber einen Trend erkennen, der sich bei den Ergebnissen des Forschungsprojekts »Konfliktmanagement an Schulen – Rechtliche Sanktionen bei Gewalttaten von Schülern und Mediation als alternatives Interventionsmodell« bestätigte. Schulen aus dem gesamten Bundesgebiet berichten von ähnlichen positiven Entwicklungen und negativen Erscheinungen bei der Umsetzung von Mediation in der Schulpraxis.

3.1 Mediationsprojekte an hessischen Schulen

Im Jahr 1999 wurde an 86 Schulen in Hessen, die nach Informationen des Pädagogischen Instituts Frankfurt, der Regionalstellen des Hessischen Landesinstituts für Pädagogik und der staatlichen Schulämter ein Mediationsprojekt haben sollten, ein Fragebogen geschickt. Der Fragebogen war zusammen mit einem Schulleiter, zwei Konflikttrainern und ehemaligen Lehrern mit langjähriger Erfahrung in Schulmediation sowie einer Schulpsychologin erstellt worden. Neben Daten zur Schule und zum Mediationsprojekt wurden auch Antworten zum Umgang mit Konflikten und den Erfahrungen mit Mediation an der jeweiligen Schule erfasst. 52 Schulen haben geantwortet. 39 Fragebögen konnten ausgewertet werden.

Bei über der Hälfte der Schulen handelte es sich um Gesamtschulen. In dieser Schulform wurden zum damaligen Zeitpunkt die meisten Mediationsvorhaben umgesetzt. Dies wurde mit der besonderen Offenheit der Schulleitungen und Lehrerkollegien neuartigen pädagogischen Ansätzen gegenüber begründet und nicht, wie von Kritikern vermutet, mit einer höheren Gewaltbelastung. Inzwischen gibt es Mediation in allen Schulformen; insbesondere Grundschulen haben eigene Modelle entworfen, und die ersten Versuche an Sonder- bzw. Förderschulen sind gestartet worden.

Neben den 23 integrierten und kooperativen Gesamtschulen hatten 12 Grund- bzw. Grund-/Haupt-/Realschulen, drei Gymnasien, eine Schule für Lernhilfe und zwei berufliche Schulen den Fragebogen ausgefüllt zurückgesandt. Bei der Größe der Schulen fand sich eine erstaunliche Bandbreite. Die kleinste Schule war eine Grundschule mit 197 Schülern und 11 Lehrern, die größte eine kooperative Gesamtschule mit 2256 Schülern und 144 Lehrern.

Hinsichtlich der Zusammensetzung der Lehrer- und Schülerschaft entsprachen die Schulen dem zurzeit (noch überwiegend) anzutreffenden Bild. »Ältere« Lehrkräfte (über 45 Jahre alt) und in der Mehrzahl Lehrerinnen standen Kindern- und Jugendlichen gegenüber, die überproportional häufig männlichen Geschlechts waren. Der Anteil der Schüler ausländischer Herkunft in der Schülerschaft war insgesamt nicht sehr hoch. Bei über der Hälfte der Schulen betrug er nicht über 20 Prozent. Nur bei sechs Schulen wurde angegeben, dass über die Hälfte der Schüler »Ausländer« seien. Schüler türkischer Herkunft bildeten dabei die größte Gruppe.

Die Schulen befanden sich zu je einem Drittel in eher großstädtischen, mittel- bzw. kleinstädtischen und ländlichen Einzugsbereichen.

Auf die Frage, ob sie neben Lehrkräften Schulsozialarbeiter oder andere pädagogische Fachkräfte beschäftigten, gaben lediglich 17 Schulen an, derartige Personen in ihrer Mitte zu haben. Die Aufgabenbereiche dieser Mitarbeiter lagen in der Betreuung von Schülern und in der Erziehungsberatung sowie in der Durchführung sonderpädagogischer Fördermaßnahmen. Außerdem sollten sie als Ansprechpartner für Schüler, Lehrer und Eltern zur Verfügung stehen. Aus diesen Angaben ergibt sich, dass bei eventuell ähnlichen äußerlichen Rahmenbedingungen nur wenige Schulen in der Lage waren, speziell ausgebildete Fachkräfte aus den eigenen Reihen für die Ein- und Durchführung des Mediationsprojekts einzusetzen. Die Mediationsidee musste entweder von der Schulgemeinschaft selbst getragen oder durch externe Experten in die Schule gebracht werden. Dies gilt für die meisten Mediationsprojekte, da kein Bundesland flächendeckend Schulsozialarbeiter einsetzt, die sich idealerweise um konstruktive Konfliktbearbeitung in ihrer Schule verdient machen können.

Über die Hälfte der Schulen beschäftigten sich mit Mediation seit maximal zwölf Monaten. An 14 Schulen lief das Mediationsprojekt zwischen zwei und vier Jahren. Zwei Projekte bestanden länger als vier Jahre. Mit diesen Laufzeiten wiesen die meisten Projekte keine hinreichend lange Umsetzungsphase auf, um einer wissenschaftlichen Evaluation im Sinne einer Effizienzmessung unterzogen werden zu können. Praktiker rechnen mit einigen Jahren bevor sich durch Mediation Änderungen in der Konfliktkultur der gesamten Schule zeigen.

3.1.1 Der Umgang mit Konflikten in den Schulen

Gewalt spielte für die Schulen keine hervorragende Rolle; insbesondere schwerwiegende physische Gewalttätigkeiten wurden nur selten als Problem genannt. Es waren die eher alltäglichen verbalen Beleidigungen, Streitigkeiten und Auseinandersetzungen, die den Schulalltag prägten (vgl. Abb.3).

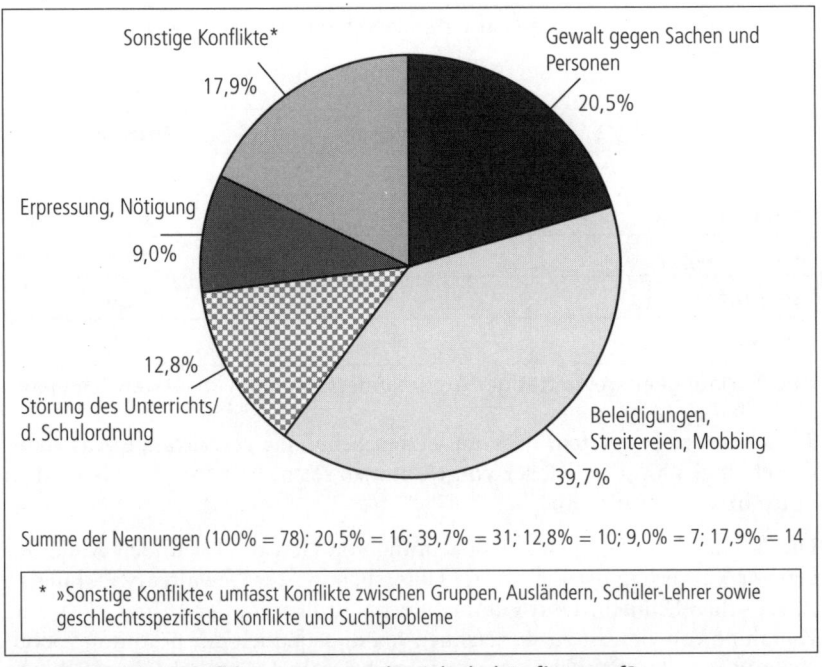

Sonstige Konflikte*
17,9%

Gewalt gegen Sachen und Personen
20,5%

Erpressung, Nötigung
9,0%

12,8%
Störung des Unterrichts/ d. Schulordnung

Beleidigungen, Streitereien, Mobbing
39,7%

Summe der Nennungen (100% = 78); 20,5% = 16; 39,7% = 31; 12,8% = 10; 9,0% = 7; 17,9% = 14

* »Sonstige Konflikte« umfasst Konflikte zwischen Gruppen, Ausländern, Schüler-Lehrer sowie geschlechtsspezifische Konflikte und Suchtprobleme

Abb. 3: Welche Konflikte treten an der Schule häufiger auf?

Die meisten Nennungen auf die Frage »Welche Konflikte treten an der Schule häufiger auf« betrafen Beleidigungen, Streitereien und Mobbing. An zweiter Stelle wurden Gewalt gegen Sachen und Personen, letzteres in Form von Schlägereien und leichteren körperlichen Auseinandersetzungen, genannt. Störungen des Unterrichts und der Schulordnung standen an dritter Stelle. Nur wenige Schulen berichteten von zunehmender Gewalt (vgl. Abb.4) und häufigen gewalttätigen Auseinandersetzungen (vgl. Abb.5).

Lediglich sieben Schulen bejahten, dass bei den Konflikten gewalttätige Auseinandersetzungen zunehmend eine größere Rolle spielten, während die Mehrheit der befragten Schulen dies verneinte.

	Häufigkeit	Prozent
keine Angabe	3	7,7
ja	7	17,9
nein	29	74,4
Gesamt	39	100,0

Abb. 4: Spielen gewalttätige Auseinandersetzungen zunehmend eine größere Rolle?

	Häufigkeit	Prozent
fast nie	7	17,9
hin und wieder	27	69,2
oft	4	10,3
sehr oft	1	2,6
Gesamt	39	100,0

Abb. 5: Häufigkeit gewalttätiger Auseinandersetzungen im letzten Schuljahr?

27 Schulen antworteten, dass im letzten Schuljahr gewalttätige Auseinandersetzungen hin und wieder vorgekommen seien. Nur fünf Schulen gaben »oft« bzw. »sehr oft« an.

Die Angaben der Schulen zur Bedeutung von Gewalt ähneln den Äußerungen von Lehrern in der Eichstätter Untersuchung zur Gewaltentwicklung an Bayerischen Schulen. Dort glaubten zwar 90 Prozent der Lehrer, dass eine Zunahme von Gewalt zu verzeichnen sei, diese jedoch nur bestimmte Schulen und einzelne Schüler beträfe. Eine generell dramatische Entwicklung wurde von den meisten Lehrkräften nicht vermutet.[1]

Die Schulen identifizierten die Gruppen, die besonders in Konflikte verwickelt waren, überwiegend anhand von bestimmten Merkmalen, wobei insbesondere das Alter, aber auch das Geschlecht, die Staatsangehörigkeit oder die Leistungsstärke der betroffenen Schüler eine wichtige Rolle spielten. Ein einheitliches repräsentatives Bild ließ sich aus diesen Angaben jedoch nicht herstellen.

Die Schulen beurteilten die Fähigkeiten ihrer Schüler, mit Konflikten umzugehen, recht unterschiedlich; ein Drittel meinte, dass diese »eher gut« seien, und ein Drittel bewertete sie als »eher schlecht«. Einige Schulen antworte-

---

1 Lamnek in: Simsa/Schubarth 2001.

ten, dies nicht beurteilen zu können oder verwiesen auf eine differenzierte Betrachtung je nach Alter und Entwicklungsstand.

Der Umgang mit Konflikten in den Schulen ließ sich in zwei Reaktionsansätze einteilen: zum einen in **traditionelle Maßnahmen** im Sinne der herkömmlichen Erziehungs- und Ordnungsmaßnahmen, d.h. u.a. Gespräche mit dem Schüler und den Eltern sowie Ermahnungen, der Ausschluss vom Unterricht und zuletzt die Verweisung von der Schule; zum anderen in **Mediation**, d.h. Verfahren konstruktiver Konfliktbearbeitung durch Lehrer oder Schüler. Teilweise kamen in den Schulen sowohl traditionelle Maßnahmen als auch Mediation zur Anwendung. In sieben Schulen bestand das zur Konfliktregelung praktizierte Verfahren nur aus dem Einsatz traditioneller Maßnahmen. 15 Schulen nannten nur Mediation (vgl. Abb.6) Fast alle Schulen bejahten die Frage, ob es (informelle) Absprachen im Lehrerkollegium gebe, wie man mit Konflikten umgehen solle.

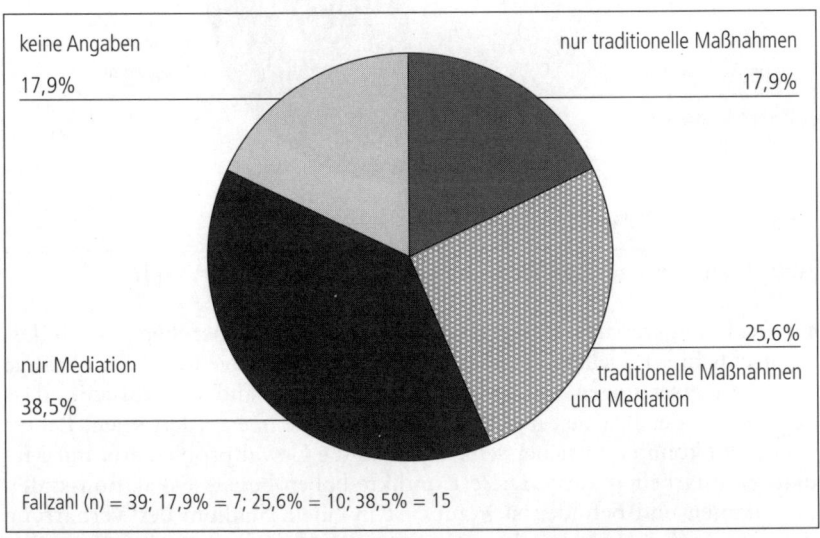

keine Angaben
17,9%

nur traditionelle Maßnahmen
17,9%

25,6%
nur Mediation
38,5%

traditionelle Maßnahmen
und Mediation

Fallzahl (n) = 39; 17,9% = 7; 25,6% = 10; 38,5% = 15

Abb. 6: Gibt es in Ihrer Schule bestimmte Verfahren, mit Konflikten umzugehen?

An den Schulen mit Mediationsprojekten spielten demnach traditionelle Maßnahmen weiterhin eine Rolle im Umgang mit Konflikten. Eine Ursache für diese Erscheinung könnte eventuell darin liegen, dass die Programme teilweise erst vor kurzer Zeit eingeführt wurden. Betrachtet man jedoch ein weiteres interessantes Ergebnis zum Umgang der Schulen mit eskalierten Konflikten, dann wird diese Begründung fraglich. Jetzt behaupteten nur noch zwei Schulen, auf derartige Konflikte allein mit Mediation zu reagieren; zuvor waren dies 15 Schulen gewesen. Die Hälfte der Schulen zählten einzig und allein **traditionelle Maßnahmen als Reaktion auf eskalierte Konflikte** auf; die restlichen Schulen verwiesen auf einen Einsatz von traditionellen Maßnahmen und Mediation.

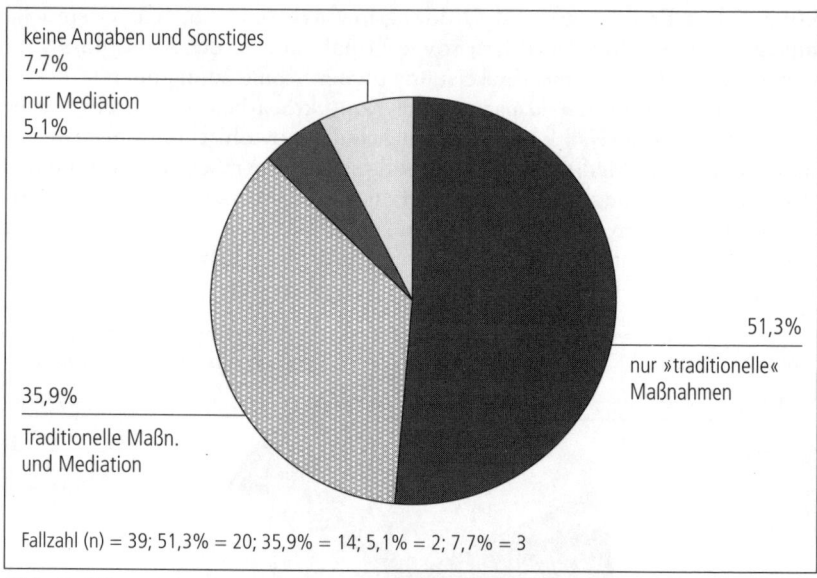

keine Angaben und Sonstiges
7,7%

nur Mediation
5,1%

51,3%
nur »traditionelle«
Maßnahmen

35,9%

Traditionelle Maßn.
und Mediation

Fallzahl (n) = 39; 51,3% = 20; 35,9% = 14; 5,1% = 2; 7,7% = 3

Abb. 7: Wie wird mit Konflikten umgegangen, die eskaliert sind?

Ein Erklärungsversuch: Einige der Mediationsprojekte beruhen auf Schüler-streitschlichtermodellen. Eskalierte Konflikte sind in der Regel gewalttätige Auseinandersetzungen, und viele Schulpraktiker sind der Ansicht, dass Schüler mit der Bearbeitung derartiger Konflikte überfordert seien. Lehrer wiederum könnten unsicher sein, wie man die Gewaltproblematik mit Mediation aufarbeiten kann. Diese Konflikte haben bereits Eskalationsstufen durchlaufen und befinden sich zumeist in einem Stadium der Verhärtung der gegenseitigen Standpunkte. Traditionelle Maßnahmen scheinen in diesen Fällen vertrauter und problemloser einsetzbar zu sein. Es könnte aber auch am nachlassenden Engagement der Schulen liegen, Schüler, die immer wieder mit Störungen des Schullebens auffallen, in das »aufwendigere« Verfahren einer konstruktiven Konfliktlösung einzubeziehen.[2]

In diesem Zusammenhang sind sicherlich auch die Angaben der Schulen zu verstehen, dass sie fast alle im letzten Schuljahr vor der Befragung schul-

---

2 Vgl. hierzu ausführlich Kapitel 5.2.

rechtliche Ordnungsmaßnahmen angeordnet hatten. Die Palette reichte vom Ausschluss vom Unterricht für den Rest des Schultages bis hin zur Verweisung von der besuchten Schule. Einige Schulen kamen allerdings fast ohne derartige Maßnahmen aus, andere benützten sie sehr häufig. Die Hälfte der Schulen schätzten, dass sie generell ein- bis zehnmal in einem Schuljahr mit Ordnungsmaßnahmen auf Konflikte reagierten. 8 Schulen gaben an, dass dies öfters als 20mal geschehe, und eine Schule nannte die Zahl von durchschnittlich 60 Ordnungsmaßnahmen. Der überwiegende Teil der Ordnungsmaßnahmen, die von den Schulen im letzten Schuljahr eingesetzt worden waren, stellten jedoch von ihrer Eingriffsintensität her eher »leichtere« Sanktionen dar. Weit über die Hälfte (60 Prozent) betrafen den Ausschluss vom Unterricht und von besonderen Klassenveranstaltungen. Die Androhung der Zuweisung in eine Parallelklasse und die Zuweisung in eine Parallelklasse erfolgten in 20 Prozent der Fälle. Ein zwangsweises Verlassen der Schule gab es aber in immerhin 47 Fällen, und die Androhung dieser Maßnahme wurde 80mal ausgesprochen.

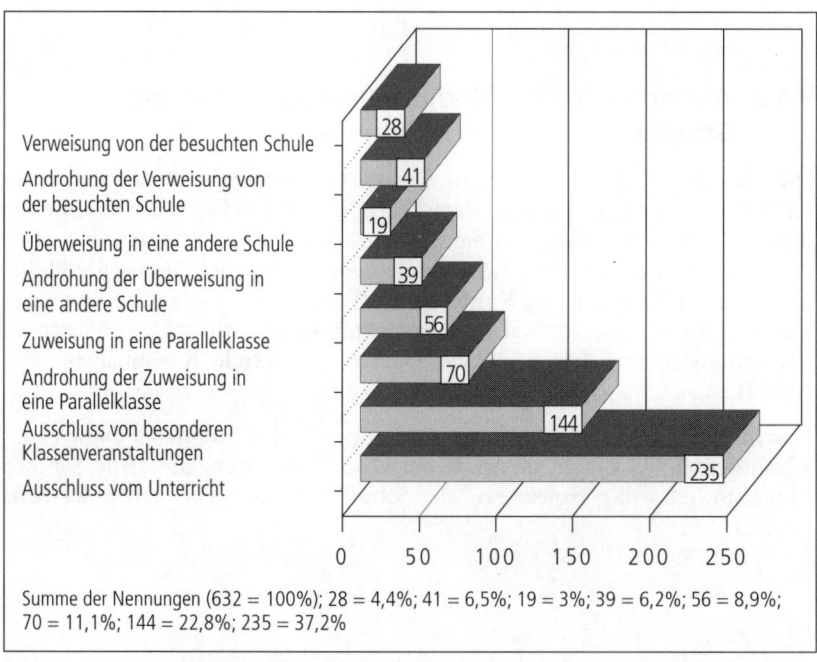

Summe der Nennungen (632 = 100%); 28 = 4,4%; 41 = 6,5%; 19 = 3%; 39 = 6,2%; 56 = 8,9%; 70 = 11,1%; 144 = 22,8%; 235 = 37,2%

Abb. 8: Schulrechtliche Ordnungsmaßnahmen im letzten Schuljahr?

Schulfachleute sind über diese Forschungsergebnisse erstaunt.[3] In Untersuchungen zur Gewalt an Schulen geben Schulleiter und Lehrer überwiegend geringere Zahlen zum Einsatz von Ordnungsmaßnahmen an.[4]

Das Bedeutsame an diesem Einblick in die Schulpraxis ist aber nicht die Anzahl der ausgesprochenen Ordnungsmaßnahmen – 632 Nennungen bei insgesamt circa 29.500 Schülern an den befragten Schulen –, sondern die Tatsache, dass es sich hier um Schulen mit Mediationsprojekten gehandelt hat. Unabhängig davon, dass der Zugriff auf Ordnungsmaßnahmen an Schulen ohne institutionalisierte Möglichkeiten konstruktiver Konfliktbearbeitung erheblich höher liegen dürfte, stellt sich doch die Frage, ob das Mediationsverfahren an den Projektschulen hinreichend bekannt bzw. akzeptiert war und ob es überhaupt als eine Alternative zu den herkömmlichen Erziehungs- und Ordnungsmaßnahmen betrachtet wurde. In der Praxis kann vielfach beobachtet werden, dass auch Schulen mit etablierter Mediation Konflikte, die uneingeschränkt für ein Mediationsverfahren geeignet wären, mit – teilweise schwerwiegenden – Ordnungsmaßnahmen zu regeln versuchen.

3.1.2 Angaben zu den Mediationsprojekten in den Schulen

Die Idee der Mediation wurde in den meisten Schulen erstmals auf Informationsveranstaltungen, z.B. Projekttagen, vorgestellt. Oftmals standen diese im Zusammenhang mit einem speziellen Themenkomplex, wie etwa der Gewaltprävention. Das Lehrerkollegium machte sich in fast der Hälfte der Fälle im Rahmen von Konferenzen (Schul- oder Gesamtkonferenzen) mit Mediation bekannt. Teilweise besuchten Lehrkräfte auch zunächst ein Mediationstraining bevor sie die Idee in die Schule hineintrugen (vgl. Abb.9).

Die Initiative zum Mediationsprojekt ging in den meisten Schulen von schulinternen Personen, in der Regel von Lehrkräften, aus. Alle Schulen gaben an, dass das Projekt von der Schulleitung ausdrücklich unterstützt werde.

---

3 Dies mag in erster Linie daran liegen, dass es keine umfassenden systematischen Untersuchungen zur Anwendung von Ordnungsmaßnahmen gibt, und Praktiker nur von der eigenen Erfahrung auf die gesamte Praxis schließen können.
4 Siehe z.B. die Ergebnisse der Untersuchung von Schwind/Roitsch/Ahlborn/Gielen 1995, S.219-231.

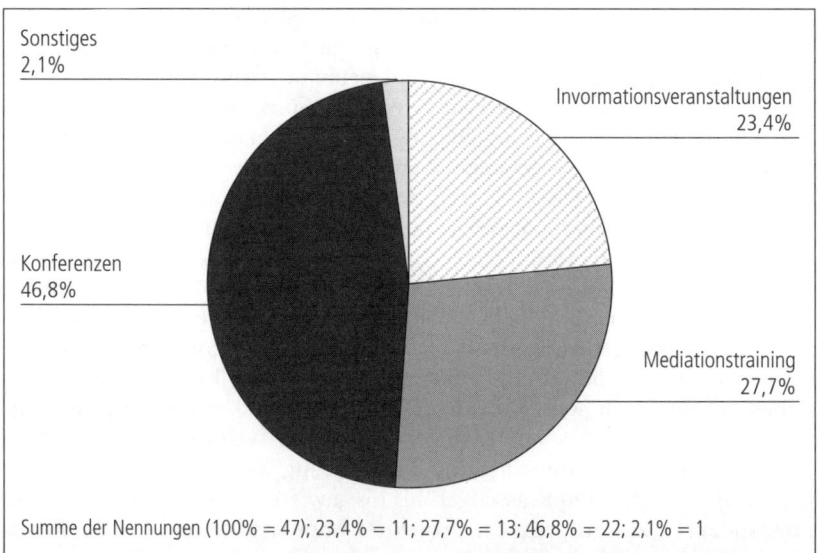

Sonstiges
2,1%

Invormationsveranstaltungen
23,4%

Konferenzen
46,8%

Mediationstraining
27,7%

Summe der Nennungen (100% = 47); 23,4% = 11; 27,7% = 13; 46,8% = 22; 2,1% = 1

Abb. 9: Wie wurde das Lehrerkollegium mit Mediation bekannt gemacht?

Nach der Motivation für die Überlegung, an einem Mediationsvorhaben teilzunehmen, befragt, gaben die Schulen am häufigsten die Verbesserung der Konfliktkultur an. Sie verstanden darunter unter anderem den kompetenten Umgang mit Konflikten, die Entwicklung von geeigneten Konfliktlösungsstrategien und den Aufbau einer neuartigen Streitkultur. Es wurden aber auch Motive, wie die **Gründung einer neuen demokratischen Schule** und die **Erweiterung der Selbstverantwortung von Schülern** und damit die **Schaffung eines sozialen Schulklimas** und eine **Entlastung der Lehrer** genannt. Mediation als Reaktion auf Konflikte, die entweder zugenommen hätten oder mit traditionellen Maßnahmen nicht adäquat gelöst werden könnten, wurde an zweiter Stelle genannt.

Dabei wurde von Ohnmachtsgefühlen bei der Regelung von Konflikten, dem Versagen der herkömmlichen Erziehungsmittel und den Schwierigkeiten, den alltäglichen Aggressionen und Streitigkeiten in den Klassen und auf dem Schulgelände kompetent zu begegnen, berichtet. Sonstige Nennungen betrafen u.a. die Gewaltprävention und auch das Eigeninteresse von Lehrern, sich für neue sozialpädagogische Maßnahmen zu qualifizieren.

Der Motivation entsprechend waren auch die Ziele, die von den Schulen mit dem Mediationsprojekt verfolgt wurden, im Wesentlichen an der Schule als Ganzem orientiert. Im Vordergrund standen z.B. der Aufbau und die Verankerung einer neuartigen Streitkultur, die Verbesserung des Schulklimas und die Veränderung der Kommunikationsstrukturen. Es wurden aber auch Gewaltprävention, die Reduzierung von Sanktionen und Konfliktmanagement als Teil des Schulprogramms genannt (siehe Abb.10 »Schule«). Die Verbesserung der Lehrerkompetenz im Sinne einer Erhöhung ihres pädagogischen Repertoires im Umgang mit Schülern oder als Hilfe bei Konflikten mit Kollegen spielte eine nebensächliche Rolle (siehe Abb.10 »Lehrerkompetenz«). Bei einem Viertel der Nennungen war ein Anliegen, die Kompetenz der Schüler zur konstruktiven Konfliktbearbeitung zu erhöhen (siehe Abb.10 »Schülerkompetenz«). Schüler sollten in Schülerstreitschlichtergruppen ihre Konflikte eigenständig ohne Lehrer lösen und dadurch Selbstverantwortung und Selbstvertrauen gewinnen. Ihre Konfliktfähigkeit sollte gefördert werden. Prosoziales Lernen und das Einüben von Toleranz sollten ihnen Handlungsmöglichkeiten zur positiven Konfliktbearbeitung anbieten. Vereinzelt wurde ausdrücklich die Verbesserung der Klassenatmosphäre genannt, d.h. auf Teamgeist, Fairness, Wertschätzung und Umgangsformen sowie insgesamt auf die Stärkung der Klassengemeinschaft und eines gemeinsamen Klassengefühls hingewiesen (vgl. Abb.10 »Klassenatmosphäre«). Zielgruppen der Projekte waren Schüler und Lehrer. Eltern wurden von den Schulen fast nie genannt.

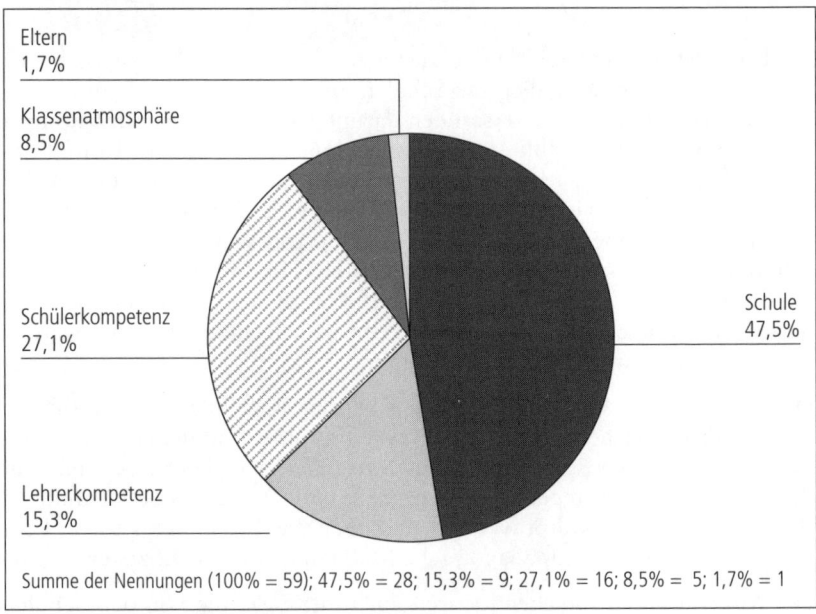

Abb. 10: Was soll mit dem Projekt erreicht werden?

Die eindeutige Orientierung der Schulen an einer Verbesserung der Konfliktkultur in der gesamten Schule ist in Verbindung mit dem systemischen Ansatz des hessischen Programms der Schulmediation[5], an dem die meisten Schulen teilgenommen hatten, zu sehen. Da dieser Ansatz zunächst eine Ausbildung von Lehrern und parallel dazu das Training möglichst vieler Schüler vorsieht, steht die Einrichtung von Schülerstreitschlichtergruppen erst am Ende der Projektphasen. Viele Schulen in anderen Bundesländern, die Modelle der Peer-Mediation bevorzugt hatten, gehen in der Praxis inzwischen auch dazu über, die Mediationsidee auf eine breite Basis in der Schule zu stellen. Das bedeutet vornehmlich die Einbeziehung der Schulleitung und der Lehrkräfte in die Projekte. Zunehmend wird dabei eine verstärkte Beteiligung der Eltern an den Vorhaben, zumindest in Form einer sorgfältigen und ausführlichen Information zur Mediation, diskutiert.

Die Aktivitäten, die bisher an den Schulen stattgefunden haben, sind ebenso vielfältig wie die Methoden, die dabei angewandt wurden. Neben Informationsveranstaltungen wurden in erster Linie Trainingseinheiten in Mediation für Schüler und/oder Lehrer genannt, wobei bei letzteren Gesprächsübungen und Rollenspiele im Vordergrund standen. Alle Schulen nannten eine weite Bandbreite der Aktivitäten, die sie bisher durchgeführt hätten, z.B. Theaterspiele, Kommunikationsübungen, spezielle Methoden, wie Problemlandkarte, Spinnwebanalyse oder Meinungsbarometer, das Trainieren von Mediationsgesprächen und als gemeinsame regelmäßige Einrichtung mit Schülern den Morgenkreis.

Eine typische Erscheinung bei der Durchführung von Mediationsprojekten ist die Verknüpfung mit weiteren Aktivitäten für Schüler, z.B. des sozialen Lernens, und die Zusammenarbeit mit anderen Trägern der Jugendarbeit. Dies kann zum einen daran liegen, dass Schulen, die sich mit Mediation beschäftigen, generell neuartigen pädagogischen Ideen und schulexternen Partnerschaften offen gegenüberstehen, zum anderen aber auch ein Zeichen sein, dass sich aus sachlichen und inhaltlichen Erwägungen diese Entwicklungen geradezu aufzwingen. So berichteten 26 der 39 befragten Schulen, dass sie andere Projekte bzw. Maßnahmen, etwa zur Gewaltprävention, in engem Zusammenhang mit dem Mediationsprojekt durchführten oder durchgeführt hätten. In der Regel handelte es sich um Projekte der Suchtprävention und -beratung, des Anti-Gewalt-Trainings und der Jugendarbeit, aber auch um einzelne Aktivitäten, wie etwa die Gestaltung des Schulhofs. Und 31 Schulen bejahten eine Zusammenarbeit mit anderen Institutionen und Personen. Dabei wurden in erster Linie Jugendhilfeeinrichtungen und die Regionalstellen des Hessischen Instituts für Pädagogik

---

5 Siehe Kapitel 2.5.2.

genannt, die oftmals Informationen, Ausbildungskurse sowie Sach- und Finanzmittel zur Verfügung stellten. Es gab aber auch Kooperationen mit der Polizei und mit Suchtberatungsstellen.

Die Finanzierung der Mediationsprojekte erfolgte nach Angaben der Schulen in den meisten Fällen als Mischfinanzierung überwiegend aus staatlichen Zuschüssen in Verbindung mit Eigenbeteiligungen und/oder Sponsorengeldern.

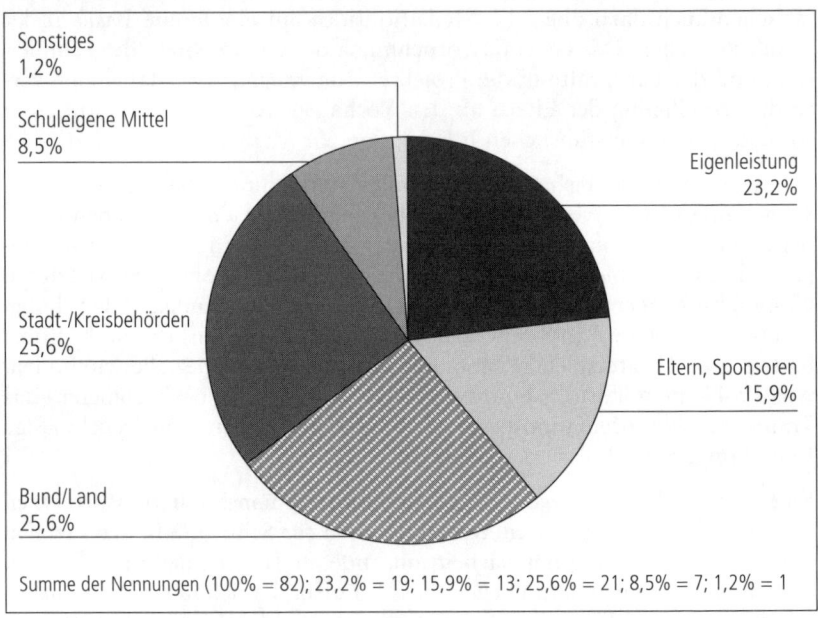

Abb. 11: Wer finanziert(e) das Projekt?

Die hessischen Verhältnisse sind hier nur bedingt verallgemeinerungsfähig. Sie bestätigen aber die Praxis der meisten deutschen Schulmediationsprojekte, dass interessierte Lehrkräfte nicht nur Zeit, sondern auch erhebliche finanzielle Mittel in ihre Ausbildung zu »Schulmediatoren« investieren müssen. Für die Schulen selbst bedeutet dies, staatliche Zuschüsse ein- und Sponsoren anzuwerben.

Fast alle Schulen beabsichtigten, das Mediationsprojekt fortzuführen, wobei einige Schulen ihre Programme inhaltlich erweitern wollten. Es wurde z.B. das Einbeziehen neuer Zielgruppen, u.a. der Eltern, geplant und die Erstellung von Curricula für bestimmte Ausbildungseinheiten beabsichtigt. Die Einrichtung von Schülerstreitschlichtergruppen war jedoch bei vielen Schulen das vornehmlichste Ziel.

Einige Schulen hatten Mediation als Baustein bereits im Schulprogramm verankert; die meisten beabsichtigten, Mediation demnächst in ihr pädagogisches Profil aufzunehmen.

15 Schulen haben eine Auswertung ihres Projekts durchgeführt oder führen diese gerade durch. Sie mach(t)en dies in Form einer schulinternen Selbstevaluation, in fast allen Fällen durch die Leiter der Mediationsprojekte. Lediglich 17 Schulen gaben an, dass es Unterlagen oder Materialien zu ihrem Projekt gebe. Dies bestätigt erneut die Forderung, dass Schulen nicht nur im eigenen Interesse eine sorgfältige Dokumentation ihrer Aktivitäten erstellen sollten, sondern auch eine wissenschaftliche Evaluation von Schulmediation dringend benötigt wird.[6]

3.1.3 Positive Erfahrungen, Probleme, Ratschläge

■ **Was waren die positiven Erfahrungen, die Sie mit dem Projekt bereits sammeln konnten?**

30 Schulen nannten an erster Stelle die **Verbesserung des Klassenklimas** und die **Erhöhung der Konfliktlösungskompetenz**. Im Einzelnen führten sie aus, dass es nicht mehr so viel Aggressivität auf dem Schulhof und in den Klassen gebe, der Unterricht weniger mit Stress verbunden sei und die Klassen ein neues Gruppenverhalten gelernt hätten; es würde mit Konflikten anders umgegangen, und insbesondere die Kompetenz der Schülerstreitschlichter zur konstruktiven Konfliktbearbeitung wirke sich positiv auf das Verhalten der Schüler aus. Knapp ein Viertel der Nennungen betrafen sonstige positive Erfahrungen, z.B. das große Interesse und der Spaß, der mit dem Vorhaben verbunden gewesen sei. Achtmal wurde eine bessere Zusammenarbeit und mehr Kollegialität zwischen den Lehrkräften genannt, d.h. eine positive Veränderung in den Beziehungen im Lehrerkollegium (vgl. Abb.12, Seite 42).

Diese Erfahrungen entsprechen denen aus anderen Projekten der Schulmediation in verschiedenen Bundesländern. Es wird berichtet, dass das Mediationstraining die eigene Einstellung zu Konflikten und den Mitmenschen beeinflusse. Besonders Lehrerkollegen, die gemeinsam an einer Ausbildung in Mediation teilnehmen, üben einen anderen Umgang miteinander, der auch in den schulischen Alltag hineinwirkt. Klassen, die zusammen mit ihren Klassenlehrern ein Mediationsprogramm erleben, entwickeln ein neues Verständnis vom Unterricht. Lehrkräfte bestätigen, dass die Schüler, nachdem sie in konstruktiver Konfliktbearbeitung ausgebildet worden

---

6 Zur Selbst- und Fremdevaluation siehe Dittmann in: Simsa/Schubarth 2001.

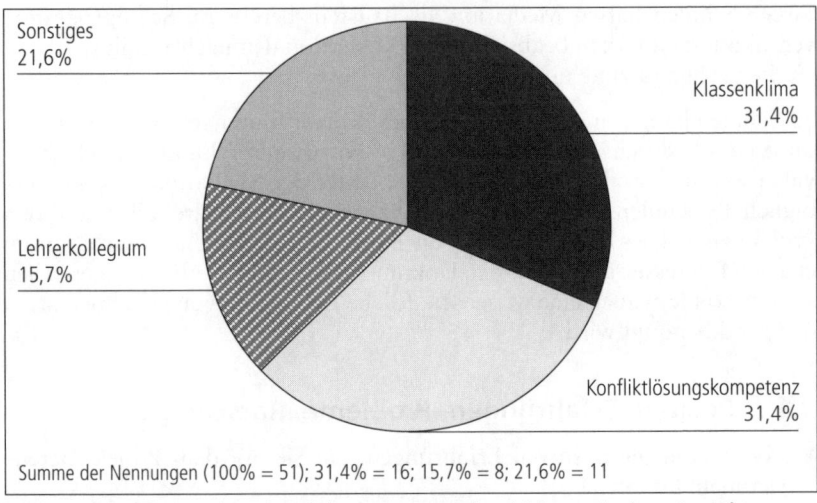

Sonstiges
21,6%

Klassenklima
31,4%

Lehrerkollegium
15,7%

Konfliktlösungskompetenz
31,4%

Summe der Nennungen (100% = 51); 31,4% = 16; 15,7% = 8; 21,6% = 11

Abb. 12: Welche positiven Erfahrungen wurden bisher mit dem Projekt gesammelt?

seien, ihre Konflikte weitgehend selbständig lösen würden, was sich z.b. auf die Atmosphäre bei Klassenfahrten positiv auswirke.

■ **Welche Probleme haben sich im Zusammenhang mit dem Projekt gezeigt?**

An erster Stelle wurden die knappen Mittel genannt, wobei sowohl finanzielle als auch zeitliche bzw. räumliche Vorgaben gemeint waren. Dabei handelte es sich nicht nur um den hohen Zeitaufwand, für den es keine Entschädigung, z.b. im Sinne von Deputatsstunden, gäbe, sondern auch um die Finanzierung der Ausbildung und das Fehlen des »ideellen« Raums für Mediation im Schulalltag. An zweiter Stelle standen die Schwierigkeiten bei der Umsetzung des in der Mediationsausbildung Gelernten in der Schulpraxis. So sei die Ausbildung oftmals nicht ausreichend, um den Gedanken der Mediation in der Schule verbreiten zu können. Es fehlten die richtigen Curricula und geeignete Programme, die auf die Schüler zugeschnitten seien.

Immerhin knapp ein Drittel der Nennungen betrafen Ressentiments der Lehrer, d.h. »mangelndes Interesse, Ungeduld, fehlende Motivation, keine Unterstützung im gesamten Kollegium, zu hohe Erwartungen auf sofortigen Erfolg und das Betrachten von Mediation als Hobby«. Nur relativ wenige Nennungen bezogen sich auf Widerstände der Schüler gegen die Mediationsidee. Während bei den Lehrern mangelndes Interesse einerseits und zu hoch gesetzte Erwartungen andererseits kritisiert wurden, wurde bei den Schülern eher auf ein Misstrauen gegenüber den Schülerstreitschlichtern geschlossen. Ältere Schüler zögen es vor, ihre Konflikte direkt selbst zu lösen.

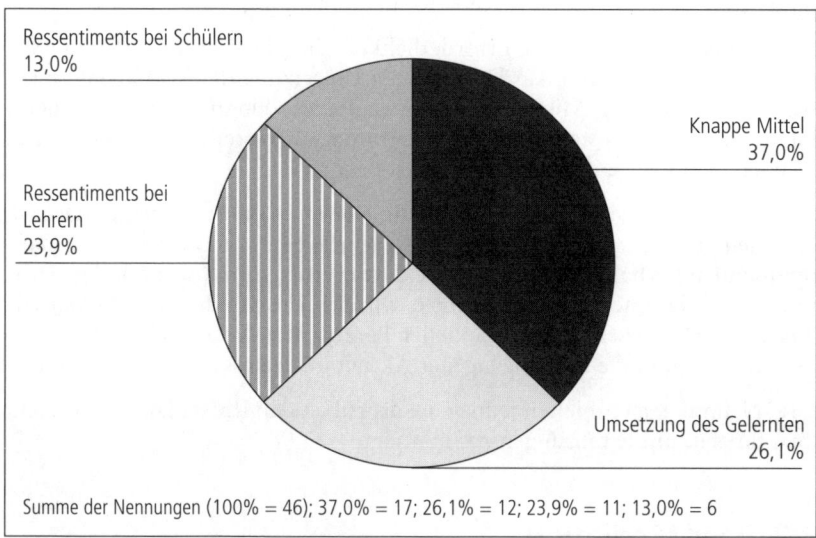

Abb. 13: Welche Probleme haben sich im Zusammenhang mit dem Projekt gezeigt?

Viele Fragen, die zurzeit von den Schulen gestellt werden, betreffen die hier genannten Probleme. Im Mittelpunkt stehen Überlegungen, wie man die Mediation in der Schule fest verankert und die Akzeptanz für das Vorhaben, insbesondere bei den Kollegen, erhöht. Dabei sind nicht nur Widerstände gegen das Projekt zu überwinden, sondern auch möglichst alle Schulmitglieder für eine aktive Unterstützung der Mediationsidee zu gewinnen. In diesem Zusammenhang wird zunehmend diskutiert, welche Position die Schulleitung im Prozess der Etablierung von Mediation einnehmen soll und wie in Konflikten zwischen Lehrkräften, Schülern und Lehrern oder Lehrern und Eltern vermittelt werden kann.

■ **Was würden Sie anderen Schulen raten, die ein derartiges Projekt planen?**

Die Ratschläge, die 28 von den 39 Schulen anderen Schulen bei der Planung eines Mediationsvorhabens geben würden, richteten sich in erster Linie auf die Herstellung von Akzeptanz für die Idee der Mediation bei allen Betroffenen, insbesondere auf die Motivierung des Lehrerkollegiums, aber auch auf die Einbeziehung von Eltern und anderen schulexternen Personen. Es wurden u.a. »Öffentlichkeitsarbeit, das Einbinden möglichst vieler Personen, die Förderung durch die Schulleitung, das mutige Zugehen auf Kollegen, Informationen, Fortbildungsangebote, Vernetzungen und Zeitentschädigungen« als akzeptanzfördernde Maßnahmen aufgezählt.

An zweiter Stelle wurde die Erforderlichkeit einer langfristigen Planung genannt, d.h. Geduld und Ausdauer bei der Umsetzung des Vorhabens zu bewahren, kurzfristige Misserfolge zu ertragen, die Finanzierung zu sichern, kleine Schritte zu wagen und ein Programm aufzustellen, das mit den 5. Klassen beginnen und alle motivieren solle.

In gleich hohem Maß wie die Erstellung eines Gesamtkonzepts, in das sich das Mediationsprojekt integrieren lässt, wurde eine ausführliche Information in und außerhalb der Schule sowie die Beratung durch sachkundige Dritte für wichtig erachtet. Im Einzelnen wurden »Fortbildung, Pädagogische Tage, das Hinzuziehen professioneller Berater, der Austausch mit erfahrenen Schulen und die Planung eigener Aktivitäten mit Kollegen« genannt.

Drei Nennungen enthielten jedoch ausdrücklich den Ratschlag: Das Projekt anzufangen, um Erfahrungen zu sammeln.

3.2 Peer-Mediation

Es wurden an zwei Schulen die Protokolle aus Mediationsgesprächen mit Schülerstreitschlichtern ausgewertet. An der einen Schule waren es Schüler aus zwei aufeinanderfolgenden Jahrgängen, die 1998/99 18 Fälle und 1999/2000 17 Fälle als Mediatoren bearbeitet hatten. An der anderen Schule waren es 15 Fälle aus dem Schuljahr 1999/2000, die den Peer-Mediatoren vorgetragen worden waren. Während an der einen Schule Schüler aus den 10. Klassen zu zweit als Tandems weitgehend selbständig in einem Mediationsraum tätig wurden, waren es an der anderen Schule Schüler aus den 8. bis 10. Jahrgängen, die durch eine Lehrerin betreut die Mediationsgespräche in einem separaten Zimmer durchführten.

Insgesamt konnten 50 Mediationsgespräche aus der Peer-Mediation ausgewertet werden. In den meisten Fällen gab es zwei Konfliktparteien. Teilweise nahmen aber auch mehrere Schüler an den Gesprächen teil. Bei fast der Hälfte der Mediationsgespräche waren alle Konfliktparteien weiblich. An insgesamt zwei Dritteln dieser Gespräche im Rahmen der Peer-Mediation beteiligten sich Schülerinnen (vgl. Abb.14, Seite 45).

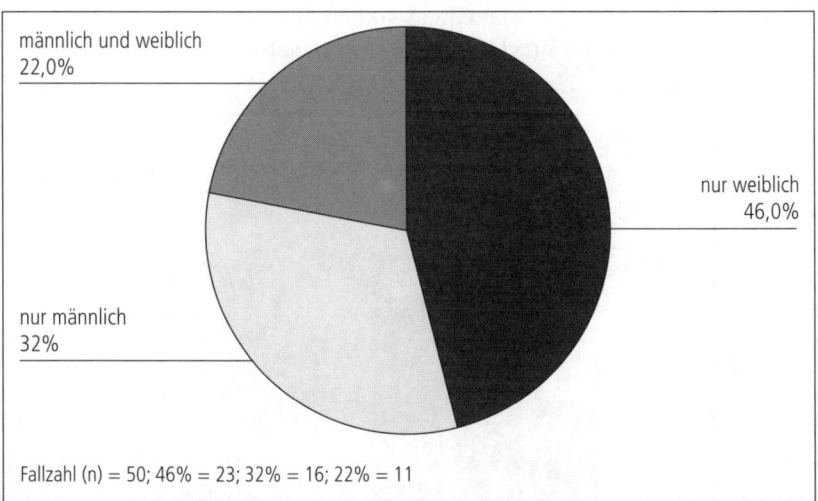

männlich und weiblich
22,0%

nur weiblich
46,0%

nur männlich
32%

Fallzahl (n) = 50; 46% = 23; 32% = 16; 22% = 11

Abb. 14: Geschlecht der Konfliktparteien bei der Peer-Mediation

Die Beobachtung in der Praxis, dass Schulmediation eine Domäne weiblicher Kompetenz zu sein scheint, bestätigte sich somit auch in dieser Untersuchung. Schülerinnen sind eher bereit als Schüler, sich zu Mediatoren ausbilden zu lassen und in der Peer-Mediation tätig zu werden. In einigen Projekten wird deshalb überlegt, wie man Jungen verstärkt mit den Methoden konstruktiver Konfliktbearbeitung vertraut machen kann.[7]

Ein weiterer Diskussionspunkt ist die Beobachtung in der Peer-Mediation, dass überwiegend jüngere Schüler dieses Angebot in Anspruch nehmen, während die älteren Jahrgangsstufen andere Möglichkeiten der Konfliktregelung bevorzugen. Auch in den untersuchten Schulen waren es meistens Schüler aus den unteren Jahrgängen, die zu den Peer-Mediatoren kamen. 82,5 Prozent von ihnen gehörten den 5. und 6. Klassen an. Zudem stammten die Konfliktparteien beim überwiegenden Teil der Mediationsgespräche aus derselben Jahrgangsstufe, z.B. bei 92,9 Prozent der Fälle, an denen Schüler aus den 5. Klassen beteiligt waren, kamen alle Konfliktparteien aus der 5. Klasse.

Von den 102 Konflikten, die in den 50 Mediationsgesprächen von den Schülerstreitschlichtern bearbeitet wurden, betrafen jeweils etwa ein Viertel Beleidigungen und körperliche Angriffe, die teilweise nebeneinander genannt wurden. Die restlichen Konflikte verteilten sich in hohem Maße auf Meinungsdifferenzen und in geringerem Umfang auf Regelverletzungen,

---

7 Siehe z.B. das Berliner Modell, Dussa in: Simsa/Schubarth 2001.

Sachbeschädigungen, die Wegnahme von Sachen, Freundesprobleme und sonstiges, wie etwa das Brechen eines Versprechens.

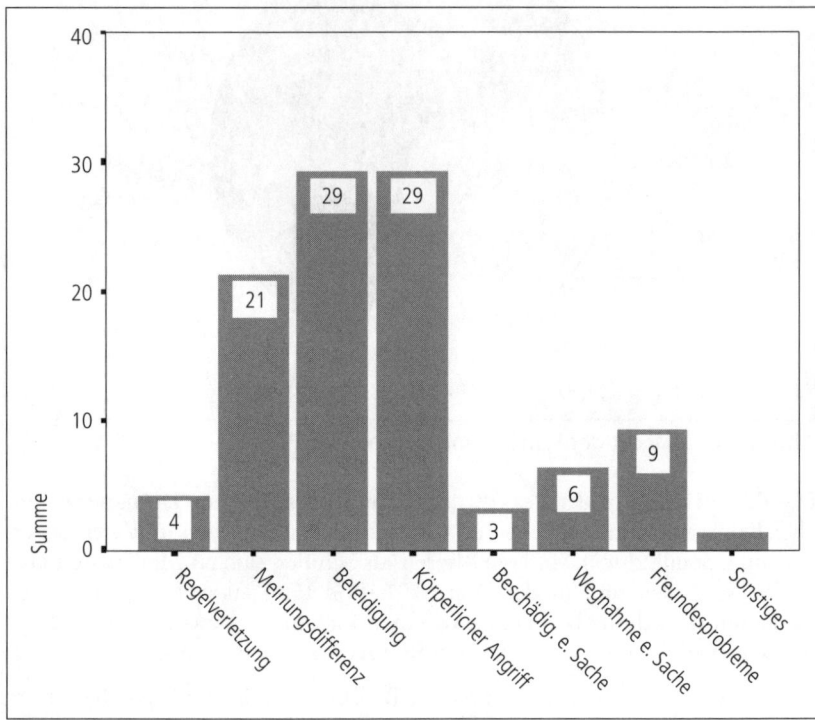

Abb. 15: Konflikte, die von den Schülerstreitschlichtern bearbeitet wurden

Typisch für eine Körperverletzung war etwa der Fall, in dem A seine Hand an einem Spielgerät hatte und B diese wegstieß. A beschimpfte daraufhin B mit unanständigen Worten; dieser trat A in den Bauch. Als A nun B's Bein wegkickte, fiel B die Treppe herunter. Beleidigungen ergaben sich z.b. aus Vorfällen wie diesem: A und B waren Freundinnen. A ging plötzlich mit C aus und beide tuschelten gemeinsam über B. B titulierte A vor Mitschülerinnen als »gemeine Sau« und erzählte, dass C »asozial« sei. Die Freundschaft endete damit, dass beide nicht mehr miteinander redeten.

In 86 Prozent der Mediationsgespräche bei den Peer-Mediatoren kam es zu einer Vereinbarung. Bei der Hälfte der Fälle wurden zwei oder mehrere Vereinbarungen geschlossen. In je einem Viertel der Fälle haben die Parteien vereinbart, sich aus dem Weg zu gehen, miteinander respektvoll umzugehen und/oder keine Provokationen mehr auszuüben. 15mal wurde eine

Entschuldigung ausgesprochen. Die anderen Vereinbarungen umfassten einen Schadensersatz oder sonstiges, wie etwa das Wegsetzen im Klassenraum.

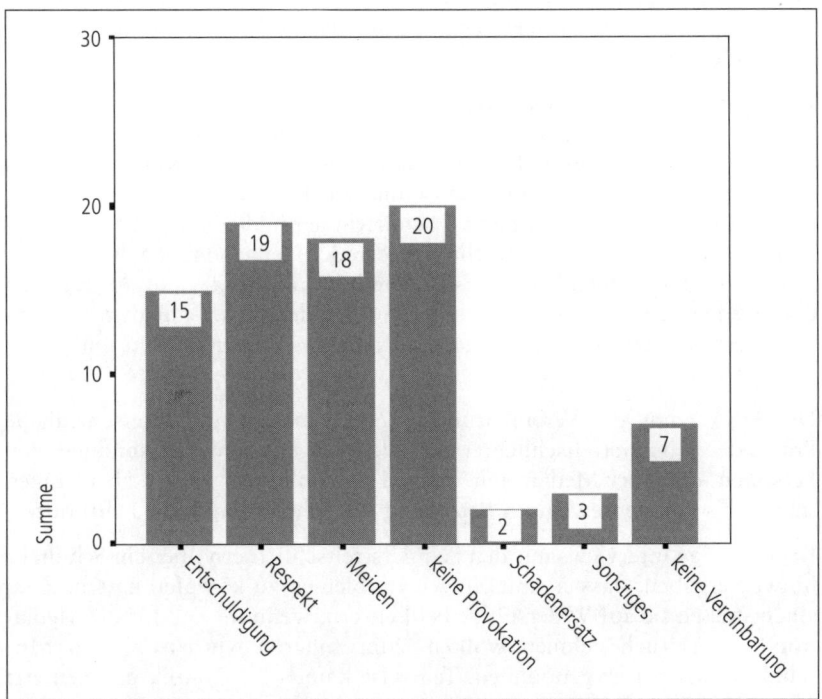

Abb. 16: Vereinbarungen, die bei den Schülerstreitschlichtern erarbeitet wurden

Typische Vereinbarungen waren etwa: »Wir gehen uns bis Dienstag aus dem Weg. Wir treten und hauen uns nicht mehr und beleidigen uns auch nicht.« »A schreibt keine unanständigen Sachen mehr über B, und B nimmt das Geschriebene nicht ernst und wird nicht mehr so schnell sauer.« »Wir werden in Zukunft den Streit mit Worten lösen und sagen, wenn man mit dem anderen nicht zusammen sein will.«

Die Ergebnisse der Auswertung der Streitschlichterprotokolle und die Beobachtung der Arbeit der Peer-Mediatoren in der Praxis bestätigen Berichte aus ähnlichen Projekten, dass Schüler gut in der Lage sind, auch bei »schwierigeren« Konflikten ihrer Mitschüler zu vermitteln, wenn man ihnen die Verantwortung hierzu einräumt. Im Gegensatz zu Lösungsvorschlägen von Erwachsenen, die in der Regel eine erzieherische Wirkung erzielen wollen, bleiben die Vereinbarungen, die bei der Peer-Mediation erreicht werden, auf einer pragmatischen Ebene auf die jeweilige Situation abgestimmt. So wurden im Zusammenhang mit den körperlichen Angriffen insbesondere vereinbart: keine Provokation, keine Beschimpfung, keine Beleidigung und keine Schlägerei, Sich-aus-dem-Weg-gehen und/oder eine Entschuldigung.

Zur Einhaltung der Vereinbarungen konnten nur die Aussagen der Schüler und Lehrer herangezogen werden, die berichteten, dass die Einigung im konkreten Konfliktfall zwar funktionierte, einige Konfliktparteien aber mit einer neuen Auseinandersetzung wiedergekommen seien. In einer anderen Untersuchung wurden 90 Schülerinnen und Schüler, die im Schuljahr 1996/97 an einem Schlichtungsgespräch teilgenommen hatten, befragt. 49 Schüler meinten, dass die Vereinbarung total, und 35, dass sie überwiegend eingehalten worden sei. 56 Schüler waren mit dem Schlichtungsgespräch und seinem Ausgang zufrieden, 30 überwiegend und 4 nur wenig.[8]

Die Auswertung der Vereinbarungen zeigte, dass es eine unterschiedliche Praxis der Schülerstreitschlichter gab, die weniger von der Ausbildung, den Personen der Peer-Mediatoren oder den konkreten Fällen abzuhängen schien, als von der jeweiligen Betreuung der Schüler durch die Lehrkräfte.

Regelmäßige Interviews mit den Schülerstreitschlichtern über ein Schuljahr hinweg ergaben, dass sie mit einigen Problemen zu kämpfen hatten. Zum einen stießen sie auf Widerstände bei Lehrern, wenn sie Zeit für die Mediation in Anspruch nehmen wollten, zum anderen wurden sie von Mitschülern nicht ernst genommen. Teilweise kamen die Konfliktparteien erst auf Anraten von Lehrkräften, teilweise wollten sie aber auch die Peer-Mediatoren nur testen. Insbesondere bei schlechtem Wetter wurde der Mediationsraum, sowohl von den Streitschlichtern, als auch von den vermeintlichen Konfliktparteien, gerne als Aufenthaltsraum benützt.

Eine Befragung von circa 80 Schülermoderatoren an vier Pilotschulen in Mecklenburg-Vorpommern zeigte, dass diese zu 70 Prozent davon überzeugt waren, dass die Mitschüler und auch ihre Eltern ihr Wirken akzeptierten, aber nur 57 Prozent meinten, dass ihre Arbeit auf die Akzeptanz der Lehrer stieße.[9]

---

8 Braun/Hünicke 2000, S.16; siehe auch die Ergebnisse zur Zufriedenheit von Schülern einer Schule für Lernbehinderte mit Peer-Mediation, Engert in: Simsa/Schubarth 2001, S.230/231.
9 Stahlberg 1998, S.17.

Mit den Konfliktfällen kamen die Schülerstreitschlichter überwiegend klar, wenn es allerdings Probleme gab, z.b. bei Fragen des Schadensersatzes, waren sie dankbar, den Fall an ihre Betreuer abgeben zu können. Es wurde aber oftmals bezweifelt, was die Mediationsausbildung für die Peer-Mediation unter den Bedingungen des Schulalltags gebracht hätte. Unter dem Zeitdruck in den Pausen und mit kleineren Schülern als Konfliktparteien seien z.b. die Gesprächsphasen der Mediation nicht einzuhalten.

Zu Rollenkonflikten kam es für die Schüler zwischen ihrer Streitschlichterfunktion und ihrer Tätigkeit als Tutoren für die Schüler der unteren Jahrgänge. Auch andere Aufgaben, wie z.b. Pausenaufsicht oder Hausaufgabenbetreuung, führten oftmals zu Akzeptanzproblemen bei den Mitschülern.

Insgesamt gaben die Schüler an, dass die Mediatorentätigkeit ihnen Spaß gemacht habe, obwohl sie gerne mehr Fälle bearbeitet hätten. Sie waren deshalb auch enttäuscht, dass ihre »Dienste« nicht öfter in Anspruch genommen wurden, und es fanden intensive Diskussionen darüber statt, wie man der Peer-Mediation in der Schule eine breitere Basis verschaffen könne.

An beiden Schulen, an denen die Auswertung stattfand, bewarben sich auch in der Folgezeit immer noch mehr Schüler für die Mediationsausbildung als später als Peer-Mediatoren eingesetzt werden konnten.

3.3 Zusammenfassung

Die vorgestellten Ergebnisse sind nicht repräsentativ für alle Schulen mit Mediationsprojekten. Es handelt sich nur um eine zahlenmäßig kleine Auswahl von Schulen, die sich aus der freiwilligen Teilnahme an der schriftlichen Befragung ergeben hat. Die meisten Erkenntnisse decken sich aber mit den Beobachtungen während der zweijährigen Begleitforschung an den Projektschulen und den Erfahrungen anderer Projekte der Schulmediation im Bundesgebiet.

Ein wesentliches Ergebnis, das den Aussagen der Schulen zu ihrem Umgang mit Konflikten zu entnehmen ist, zeigt, dass auch Schulen mit Mediationsangeboten weiterhin auf traditionelle Sanktionen zurückgreifen, insbesondere, wenn es sich um Gewalttaten (eskalierte Konflikte) handelt. Dies deutet darauf hin, dass zwar einige Schule in der Lage sind, »normale« Konflikte im Schulalltag konstruktiv zu bearbeiten, sie aber bei schwerwiegenden Störungen des Unterrichts- und Schulbetriebs das Mediationsverfahren kaum noch als Alternative zu den traditionellen Maßnahmen in Betracht ziehen. Diese Überlegungen könnten dazu führen anzunehmen, dass Mediation für die meisten Schulen lediglich eine zusätzliche Methode der

Konfliktregelung darstellt, aber keinen Anlass bietet, die Konflikt(lösungs)kultur insgesamt zu reformieren. Dem entspräche auch die Tatsache, dass kein signifikanter Zusammenhang[10] zwischen der Dauer des Mediationsprojekts und der Art der Konfliktbearbeitung in den einzelnen Schulen festgestellt werden konnte.

> Es gibt Schulen, die einen progressiveren Konfliktumgang pflegen, und Schulen, die überwiegend auf traditionelle Maßnahmen bei Konflikten zurückgreifen, obwohl Mediation als konstruktive Konfliktbearbeitung zur Verfügung stünde.

Es gibt aber Hinweise dafür, die allerdings nicht signifikant sind, dass Schulen, die Gewalt als häufiger auftretendes Problem offen benennen, einen progressiveren Umgang mit Konflikten pflegen, als die, die Gewalt eher dramatisieren, d.h. von einer Zunahme und großen Häufigkeit der Gewalttaten ausgehen.

Aus den Erfahrungen der Schulen zeigt sich, dass die Widerstände aus den eigenen Reihen, insbesondere des Lehrerkollegiums, beachtet werden müssen. Bei der Ein- und Durchführung von Mediation in Schulen lassen sich die Beteiligten in »Progressive«, »Skeptiker« und »Unentschiedene« einteilen.[11] Während die Progressiven ihre Idee möglichst schnell umsetzen möchten und die Einwände der Kollegen oftmals nicht nachvollziehen können, da sie von der Sinnhaftigkeit ihres Vorhabens überzeugt sind, geht es darum, die Skeptiker und Unentschiedenen mit ihren Argumenten zu hören und ernstzunehmen. Oftmals lassen sich skeptische, ablehnende oder unentschiedene Lehrkräfte erst durch eine erfolgreiche Arbeit vor Ort »mitreißen«. Dabei spielt die Schulleitung eine wesentliche Rolle, die nicht nur als »Organisationsstelle und Verwaltungseinheit« fungieren sollte, sondern das Projekt auch inhaltlich unterstützen muss. Insofern könnte die Entwicklung, dass inzwischen einige Schulleiter an einer Mediationsausbildung teilnehmen, neue Zeichen setzen. Prinzipiell wird aber, wenn man den Ratschlägen der Schulen folgt, eine ständige Informations- und Akzeptanzarbeit notwendig sein, um Ressentiments und Misstrauen gegenüber der Mediation abzubauen.

Probleme der fehlenden Ressourcen bereiten an allen Schulen Schwierigkeiten, wobei nicht nur fehlende finanzielle Mittel angesprochen wurden, son-

---

10 D.h. ein Zusammenhang, der nicht rein zufällig ist.
11 So Faller in seinem Vortrag »Mediation als Element von Qualitätsentwicklung im Bildungswesen« auf der Tagung »Mediation und Schulprogramm – Zwischenbilanz« des HeLP am 23. und 24. März 2001 in Frankfurt am Main.

dern auch der Mangel an Zeit und Raum für die Umsetzung des Mediationsprojekts ein Problem darstellen.

Die Angaben der Schulen zeigen, dass Mediation in der Schule langfristig geplant und auf Dauer angelegt sein muss. Fachleute rechnen mit 4-5 Jahren Laufzeit für derartige Projekte, bevor ein messbarer Erfolg im Sinne einer Veränderung der Streitkultur in einer Schule festgestellt werden kann. In der Praxis wird Mediation vielfach ohne sorgfältige Programmentwicklung oder langfristige Planung »versuchsweise« eingeführt. Erst, wenn sich ernsthafte Probleme bei der Umsetzung des Vorhabens zeigen, wird von den Verantwortlichen die Notwendigkeit einer sorgfältigen Implementierung der Idee in der Schule erkannt. Oftmals sind dann die enttäuschten Erwartungen groß und das anfängliche Engagement verlorengegangen, so dass das Projekt schwerlich zu retten ist. Damit ist meistens auch die Basis für alle anderen Möglichkeiten konstruktiver Konfliktbearbeitung zerstört.

Ähnliches gilt für die Einrichtung von Schülerstreitschlichtergruppen. Es muss ein pädagogisches Konzept mit entsprechenden Curricula vorliegen. Die Ausbildung der Schüler sollte bestimmten Qualitätsanforderungen entsprechen und professionell geplant bzw. durchgeführt werden. Peer-Mediation darf keine Einzelaktion, noch so engagierter Lehrkräfte, bleiben, sondern muss in das Schulprogramm eingebunden werden.

Die Ergebnisse der Untersuchung decken sich mit den Berichten aus den unterschiedlichsten Projekten der Peer-Mediation, dass im Wesentlichen jüngere Schüler und Mädchen aktiviert werden. Soweit ältere Schüler die Streitschlichtung übernehmen, entspricht dies nicht dem Gedanken der Peer-Mediation, nach dem Schüler die Konflikte von Gleichaltrigen lösen sollen.

Die Auswertung der Protokolle der Streitschlichtungstermine zeigt zudem, dass die Streitschlichter zwar Alltagskonflikte zwischen Schülern durch den Abschluss von Vereinbarungen regeln können, es bleibt aber offen, ob diese Fälle wirklich ein repräsentativer Querschnitt des Konfliktgeschehens an der Schule sind und nicht auf andere Weise genauso konfliktfrei gelöst werden könnten. Außerdem fragt sich, wie die Betreuung der Schülerstreitschlichter durch Lehrer eventuell den Stellenwert der Peer-Mediation beeinflussen kann.

Hier fehlt weitere empirische Forschung zum Bereich der Peer-Mediation, die auch überprüfen müsste, inwieweit die Ausbildung von Schülern in Mediation der Gewaltprävention an Schulen dienen kann.

Die Schülermoderatoren in Mecklenburg-Vorpommern gaben zwar überwiegend an, dass sie den Moderatoreneinsatz für eine Möglichkeit, Gewalt zu verhindern, hielten und dass sie in ihrer Arbeit erlebt hätten, dass Gewalt dadurch verringert worden sei.[12] Erfahrungen mit anderen Mediationsprogrammen zeigen aber, dass konstruktive Konfliktregelungen einerseits deutlich zunehmen, der Anteil destruktiver Konfliktlösungen andererseits weiterhin hoch bleibt.[13]

Abschließend muss noch einmal die Klage der Peer-Mediatoren erwähnt werden, dass das Angebot größer sei als die Nachfrage. Das bedeutet für die Schüler ein hohes Maß an Frustration, da sie keine Gelegenheit erhalten, ihr Können unter Beweis zu stellen. Entsprechende Berichte aus anderen Projekten werfen die Frage auf, ob es an geeigneten Konfliktfällen fehlt, was eher zu verneinen sein dürfte, oder ob die Peer-Mediatoren aus Sicht der Schule eben doch keine akzeptierte Institution der Konfliktbearbeitung darstellen.

---

12 Stahlberg 1998, S.17.
13 Noack 1998.

4. Schule und Recht

Rechtliche Grundlagen für Sanktionen gegenüber Schülern finden sich im Schulrecht, im Jugendstrafrecht und im Jugendhilferecht.

Das Schulrecht umfasst die Gesamtheit der Rechtsnormen, die sich auf die Schule und das Schulwesen beziehen. Wichtigste Rechtsquellen sind das Verfassungsrecht des Bundes und der Länder sowie die Schulgesetze der Länder. Da das Recht zur Gesetzgebung in Schulangelegenheiten der alleinigen Zuständigkeit der Länder unterliegt (Kulturhoheit der Länder), gibt es kein bundeseinheitliches Schulrecht. Von Bundesland zu Bundesland können demnach abweichende Regelungen in den Schulgesetzen enthalten sein. Erziehungs- und Ordnungsmaßnahmen, die der Erreichung des Bildungs- und Erziehungsziels der Schule ohne gravierende Störungen des Schulunterrichts und des Schullebens dienen sollen, sind in allen Bundesländern im Schulrecht enthalten.[1] Schulen können zudem unter Beachtung schulrechtlicher Voraussetzungen Hausordnungen erlassen.

Neben den Maßnahmen des Schulrechts kommen die Sanktionen des Jugendstrafrechts in Frage, soweit ein Schüler mit seinem Handeln einen Straftatbestand verwirklicht hat. Nach dem Jugendgerichtsgesetz (JGG) gibt es die Möglichkeiten der Erziehungsmaßregeln nach §§ 9 ff JGG, der Zuchtmittel nach §§ 13 JGG ff und der Jugendstrafe nach § 17 JGG. Jugendstrafe setzt jedoch schädliche Neigungen des Jugendlichen, die in der Tat hervorgetreten sind, voraus und soll erst angewandt werden, wenn Erziehungsmaßnahmen oder Zuchtmittel zur Erziehung nicht ausreichen oder wenn wegen der Schwere der Schuld Strafe erforderlich ist (siehe § 17 Abs. 2 JGG).[2] Gemäß § 1 Abs. 2 JGG sind die Vorschriften des Jugendge-

---

1 Baden-Württemberg: § 90 SchulG; Bayern: Art. 86-88 BayEUG sowie § 73 Volksschulordnung und die entsprechenden Bestimmungen der übrigen Schulordnungen; Berlin: §§ 55, 56 SchulG; Brandenburg: §§ 63, 64 BbgSchulG; Bremen: §§ 46, 47 BremSchulG, VO über das Verfahren beim Erlass von Ordnungsmaßnahmen in der Schule vom 12.5.1998 (GBl. S. 151); Hamburg: § 49 HmbSG; Hessen: § 82 HSchG; Mecklenburg-Vorpommern: § 60 SchulG; Niedersachsen: § 61 NSchG; Nordrhein-Westfalen: § 26a SchVG, §§ 13-20 ASchO; Rheinland-Pfalz: §§ 42 Absatz 2 Nr. 7, 43 SchulG, §§ 82-87 Übergreifende Schulordnung (und entsprechende Vorschriften in den übrigen Schulordnungen); Saarland: § 32 SchoG; Sachsen: § 39 SchulG; Sachsen-Anhalt: § 44 SchulG, VO über Erziehungsmittel und Ordnungsmaßnahmen der Schule vom 4.7.1994 (GVBl. S. 782); Schleswig-Holstein: § 45 SchulG; Thüringen: §§ 51, 52 ThürSchulG.
2 Zu den Voraussetzungen und dem Zweck der verschiedenen Sanktionen siehe die

richtsgesetzes jedoch nur auf Jugendliche anzuwenden, die mindestens 14 Jahre alt sind. Ein Teil der Schüler, die sich in der am ehesten gewaltbereiten Altersgruppe der 13- bis 15jährigen befinden, ist somit von den Sanktionsmöglichkeiten des Jugendgerichtsgesetzes ausgeschlossen.

Es kommen aber auch für diese Jugendliche Maßnahmen des Sozialgesetzbuches (SGB) Achtes Buch (VIII) – Kinder- und Jugendhilferecht – in Betracht. Hier ist in erster Linie an die Hilfe zur Erziehung gemäß § 27 SGB VIII zu denken, die sich an Kinder und Jugendliche richtet (§ 27 Abs. 1 iVm § 8 Abs. 1 Nr. 1 und 2 SGB VIII) und auf die Personensorgeberechtigte einen Anspruch haben. Voraussetzung ist, dass eine dem Wohl des Kindes oder des Jugendlichen entsprechende Erziehung nicht gewährleistet und die Hilfe für seine Entwicklung geeignet und notwendig ist. Bei den in §§ 28 bis 35 SGB VIII beispielhaft genannten erzieherischen Hilfen handelt es sich um bereits in der Praxis der Jugendhilfe bewährte Interventionsformen, wobei insbesondere die soziale Gruppenarbeit (§ 29 SGB VIII), die Betreuungshilfe (§ 30 SGB VIII) sowie die intensive sozialpädagogische Einzelbetreuung (§ 35 SGB VIII) für verhaltensauffällige Schüler von Bedeutung sein können.[3]

Sowohl das Jugendstrafrecht als auch das Kinder- und Jugendhilferecht vertreten den Gedanken der Erziehung. Für die Maßnahmen nach diesen Gesetzen sind die Strafverfolgungsbehörden und die Träger der Jugendhilfe zuständig. Die Schule kann zwar beratend oder unterstützend tätig werden; ihre eigene Zuständigkeit für die Verhängung von Sanktionen gegenüber Schülern ergibt sich jedoch aus dem Schulrecht.

4.1 Hausordnungen für Schulen

Hausordnungen sind Benutzungsordnungen der Schulen. Sie werden entweder von der Schule selbst, von der Schulaufsichtsbehörde oder vom Schulträger erlassen. Hausordnungen legen die Regeln für die Benutzung des Schulgeländes und für andere wichtige Aspekte der Ordnung in der Schule fest. Durch sie kann z.b. das Rauchen oder der Drogenkonsum in der Schule verboten werden. Schulen können aber auch in ihrer Hausordnung festhalten, dass sie gegen Gewalt sind, das Tragen bestimmter Kennzeichen nicht erlauben oder das Mitbringen gefährlicher Gegenstände untersagen. Jede Person, die das Schulgelände betritt, muss die Hausordnung akzeptie-

---

einschlägigen Lehrbücher und Kommentare, z.B. Beulke/Schaffstein 1998, Brunner/ Dölling 1996; Eisenberg 2000a.
3 Zu den Maßnahmen der Kinder- und Jugendhilfe siehe z.B. Wiesner/Mörsberger/ Oberloskamp 2000.

ren. Der Schulleiter hat das Hausrecht; er kann jemandem den Zugang zur Schule verwehren, der sich nicht an die Regeln hält, bzw. ihn aus der Schule weisen. Verstöße gegen die Hausordnung einer Schule können mit »Strafen« belegt werden.[4]

4.2 Erziehungs- und Ordnungsmaßnahmen im Schulrecht

Erziehungsmaßnahmen – einige Bundesländer sprechen von pädagogischen (Erziehungs-)maßnahmen oder erzieherischen Mitteln – sind als pädagogische Reaktionsmöglichkeiten auf kleine Störungen und Konflikte im Schulalltag gedacht. In einigen Schulgesetzen beispielhaft aufgezählt, können sie von Einzelgesprächen mit dem Schüler bis hin zur Missbilligung seines Verhaltens vor der Klasse reichen. Einsatz und Auswahl von Erziehungsmaßnahmen unterliegen der pädagogischen Freiheit der Lehrkräfte, sollen aber unter erzieherischen Zweckmäßigkeitspunkten erfolgen und müssen den Grundsatz der Verhältnismäßigkeit beachten.

Ordnungsmaßnahmen erfüllen zwar auch pädagogische Zwecke, sollen aber in erster Linie schwerwiegende Beeinträchtigungen der Unterrichts- und Erziehungsarbeit der Schule für die Zukunft verhindern. Sie sind in den Schulgesetzen der Länder abschließend aufgezählt und umfassen in der Regel die Überweisung in eine Parallelklasse, den zeitweiligen Ausschluss vom Unterricht und die Verweisung von der Schule, wobei es je nach Bundesland abweichende Regelungen gibt.[5]

Voraussetzungen für den Einsatz von Ordnungsmaßnahmen ist ein gravierendes Fehlverhalten des Schülers, z.B. ein Verstoß gegen Rechtsnormen oder die Hausordnung. Es liegt jedoch im Ermessen der Schule, ob sie auf derartige »Störungen« ihres Schulbetriebs mit Ordnungsmaßnahmen reagiert (**Entschließungsermessen**) und welche Ordnungsmaßnahme sie im Einzelfall auswählt (**Auswahlermessen**). Das Ermessen der Schule bei Einsatz von Ordnungsmaßnahmen wird durch den Grundsatz der Verhältnismäßigkeit, insbesondere durch das Übermaßverbot, eingeschränkt. Jede Ordnungsmaßnahme muss als Mittel zur Erreichung des angestrebten Zwecks geeignet, erforderlich und angemessen sein.

---

4 Zu den Hausordnungen und dem Hausrecht des Schulleiters siehe u.a. Avenarius 2001, S.39, 41, 103, sowie Avenarius/Heckel 2000, S.186, 187.
5 Ausführlich zu den Erziehungs- und Ordnungsmaßnahmen siehe Böhm 2001; Avenarius/Heckel 2000, S.558-566, und die entsprechenden Paragrafen in den einschlägigen Kommentaren zum Schulrecht der Länder.

Reicht im Einzelfall eine Erziehungsmaßnahme aus, so ist die Anwendung einer Ordnungsmaßnahme unzulässig. Die ausgewählte Ordnungsmaßnahme muss in Art, Schwere und Folgen dem Fehlverhalten des Schülers entsprechen. Der Grundsatz der Verhältnismäßigkeit gebietet nicht zwingend die Einhaltung der Stufenfolge von Ordnungsmaßnahmen, also kein schrittweises Vorgehen vom mildesten zum schärfsten Mittel; ist jedoch einer schweren Ordnungsmaßnahme die Androhung derselben vorgeschaltet, muss diese Reihenfolge eingehalten werden, es sei denn, der durch sie verfolgte Zweck kann nicht oder nicht mehr erreicht werden. Gravierende Ordnungsmaßnahmen, vor allem der Ausschluss von der Schule, können nur dann verhältnismäßig sein, wenn der Schüler durch schwerwiegendes oder wiederholtes Fehlverhalten die Erfüllung der Aufgaben der Schule oder die Rechte anderer gefährdet. Kann die Schule jedoch mit einer weniger eingreifenden Ordnungsmaßnahme eine Beseitigung der Störung erreichen, z.B. mit dem zeitweiligen Ausschluss des Schülers vom Unterricht, ist dessen Ausschluss von der Schule nicht erforderlich, d.h. nicht verhältnismäßig und somit rechtswidrig.[6]

Nach einhelliger Meinung haben Ordnungsmaßnahmen somit in erster Linie den Zweck, die Erfüllung des gesetzlichen Bildungs- und Erziehungsauftrags der Schule zu sichern und den Schutz von Personen und Sachen der Schule zu gewährleisten, daneben aber auch den Sinn, pädagogisch auf den Schüler einzuwirken und eine Verhaltensänderung zu bewirken. Ordnungsmaßnahmen sollen keine Straffunktion entwickeln, d.h. keine Ahndung oder Vergeltung für begangenes Unrecht darstellen (siehe den früher verwendeten Begriff der Schulstrafen) und sie dürfen nicht der Abschreckung anderer Schüler dienen. Generalpräventive Aspekte können nur insoweit berücksichtigt werden, als die Wirkung des Fehlverhaltens des Schülers auf seine Mitschüler in die Würdigung des Sachverhalts einbezogen wird. Die im Einzelfall verhängte Ordnungsmaßnahme muss jedoch dem Verhalten des Schülers angemessen sein. Außerschulisches Verhalten darf grundsätzlich nicht den Anlass für eine Ordnungsmaßnahme darstellen, es sei denn, die Aufgabe der Schule sei unmittelbar gefährdet, z.B. durch Gewalttätigkeiten gegen Mitschüler auf dem Schulweg.

Das Verfahren, in dem Ordnungsmaßnahmen erlassen werden, ist rechtsstaatlich zu gestalten, d.h. der Schüler und bei gravierenden Maßnahmen auch die Eltern minderjähriger Schüler sind vor der Entscheidung anzuhören. Für Konferenzen, in denen über den Ausschluss eines Schülers von der Schule beschlossen wird, gelten häufig zusätzliche Verfahrensanforderungen.

---

6 Zu Fragen der Verhältnismäßigkeit von Ordnungsmaßnahmen siehe Hoegg 1996.

4.3 Schulrechtliche Ordnungsmaßnahmen in der Praxis

Schulrechtliche Erziehungs- und Ordnungsmaßnahmen sind empirisch weitgehend unerforscht.[7] Schulen führen in der Regel keine gesonderten Dokumentationen zur Anwendung dieser Maßnahmen. Beobachtungen im Schulalltag ergeben zwar punktuelle Einblicke in das Geschehen, erlauben aber keine systematische Erfassung der Sanktionspraxis.

Um konkrete Anhaltspunkte zu Inhalt und Verlauf von Ordnungsmaßnahmeverfahren zu erhalten, wurde deshalb eine Aktenanalyse beim Staatlichen Schulamt Frankfurt am Main durchgeführt. Dabei wurden alle Anträge des Jahres 1996 auf Androhung der Überweisung in eine andere Schule der gleichen Schulform, auf Überweisung in eine andere Schule der gleichen Schulform, auf Androhung der Verweisung von der besuchten Schule und auf Verweisung von der besuchten Schule (§ 82 Abs. 2 Nr. 5-8 Hessisches Schulgesetz in der Fassung vom 1. August 1977) ausgewertet. Nach der damaligen Rechtslage war für den Erlass dieser Ordnungsmaßnahmen ein Antrag der Schule beim staatlichen Schulamt als Schulaufsichtsbehörde erforderlich. Die empirische Untersuchung bezog sich somit auf die eingriffsintensiveren Ordnungsmaßnahmen[8], die nach Ansicht von Experten insbesondere bei Gewalttaten von Schülern zur Anwendung kommen.

Von den insgesamt 205 Anträgen des Jahres 1996 konnten 184 erfasst werden. 86 dieser Anträge lagen gewalttätige Handlungen von Schülern zugrunde. Die Ergebnisse der Analyse dieser 86 Akten mit Gewaltvorkommnissen, wobei jeder Fall ein Ordnungsmaßnahmeverfahren gegen einen Schüler umfasst, werden im Folgenden dargestellt. Als Gewaltvorkommnisse wurden die Vorfälle bezeichnet, die eindeutig Gewalt gegen Sachen und Personen enthielten und ihrer Schwere nach strafrechtlichen Tatbeständen, z.B. dem der Körperverletzung oder dem des Raubs, entsprachen. Ein eindeutig strafrechtlich relevantes Verhalten konnte bei den meisten Fällen (87,2 Prozent) festgestellt werden. Es handelte sich überwiegend um Gewalt gegen Personen. In 59 Fällen lag eine Körperverletzung bzw. eine gefährliche Körperverletzung im Sinne von §§ 223, 224 StGB vor. 14mal hatte eine Bedrohung bzw. Nötigung im Sinne von §§ 240, 241 StGB stattgefunden.

---

7 Zu den rechtlichen Voraussetzungen gibt es einige wenige Arbeiten, z.B. Weber 1985; Peters 1991; Hoegg 1996; Böhm 2001.

8 Im weiteren Textverlauf sind deshalb mit dem Begriff »Ordnungsmaßnahmen« die Androhung des Schulausschlusses bzw. der Ausschluss von der Schule gemeint.

4.3.1 Die Schulen und die Schüler

Von den 159 Schulen, die es 1996 in Frankfurt am Main gab, hatten 41 Schulen wegen Gewaltvorkommnissen Anträge auf Erlass derartiger Ordnungsmaßnahmen gestellt. Bei der Hälfte der Schulen handelte es sich lediglich um einen Antrag; die anderen hatten bis zu sieben Anträge eingereicht. In Einzelfällen waren allerdings mehrere Schüler in den Vorfall verwickelt, so dass es zu mehreren Aktenvorgängen kommen konnte. Jeweils ein Drittel der Anträge kamen von Haupt- und Gesamtschulen, die restlichen verteilten sich auf die anderen Schulformen.

	Häufigkeit	Prozent
berufliche Schule	3	3,5
Grundschule	2	2,3
Gesamtschule	29	33,7
Gymnasium	12	14,0
Hauptschule	27	31,4
Realschule	9	10,5
Sonderschule	4	4,7
Gesamt	86	100,0

Abb. 17: Anträge auf Erlass von Ordnungsmaßnahmen nach Schulformen verteilt

Das bedeutet nicht, dass Haupt- und Gesamtschulen ein größeres Gewaltpotential aufweisen, sondern könnte daran liegen, dass diese Schulformen einen zahlenmäßig höheren Anteil an allen Schulen darstellten, oder damit begründet werden, dass die untersuchten Schulen eventuell eine problematischere Schülerschaft besaßen. Es fiel allerdings auf, dass drei Viertel der Frankfurter Schulen keine derartigen Ordnungsmaßnahmen beantragt hatten, während einige Schulen wiederholt von ihnen Gebrauch machen wollten. Der Frage, warum die Schulen eine unterschiedliche Sanktionspraxis aufwiesen, konnte im Rahmen des Forschungsvorhabens leider nicht nachgegangen werden.

Die Schülerschaft, auf deren gewalttätiges Handeln mit Ordnungsmaßnahmen reagiert werden sollte, entsprach nach Alter und Geschlecht den Schülern, die bei empirischen Untersuchungen zur Gewalt an Schulen üblicherweise als »Problemgruppen« festgestellt werden. Die Mehrzahl der Schüler war männlich (93 Prozent) und gehörte der Altersgruppe der 13- bis 16jährigen an. Dem Alter entsprechend besuchten sie überwiegend die Klassen 6 bis 9. Die 15jährigen stellten mit einem Anteil von 25,6 Prozent die größte Gruppe derjenigen, die mit Gewalttätigkeiten aufgefallen waren, dar. Ein Viertel der Schüler besuchte zurzeit des Vorfalls die 6. Klasse. Der jüngste Junge, der mit einer Ordnungsmaßnahme diesen Schweregrades belegt werden sollte, war acht Jahre alt. Auffallend war der überdurchschnittlich hohe Anteil (72,1 Prozent) von »nicht-deutschen« Schülern, für die derartige Sanktionen beantragt wurden.

Die Diskussion dieses Ergebnisses lässt verschiedene Interpretationen zu. Zum einen könnten diese Schüler in den Schulen öfters wegen Gewalttätigkeiten auffällig geworden sein, was jedoch nach Schulform differenziert werden müsste.[9] Zum anderen dürfte eine Erklärung darin liegen, dass die Schulen ausländische Schüler eher mit Ordnungsmaßnahmen belegen, da mit deutschen Schülern andere Wege der Konfliktregelung betreten werden. Schulpraktiker bestätigen, dass auffällige deutsche Kinder oftmals von ihren Eltern auf eine andere Schule oder ein Internat geschickt werden. Im Gegensatz dazu scheinen, nach den Beobachtungen in der Praxis, bei ausländischen Schülern seltener Erziehungsberechtigte oder andere Personen in der Lage zu sein, ihre Rechte gegenüber der Schule zu vertreten. In diese Richtung weist auch die Tatsache, dass im Ordnungsmaßnahmeverfahren oftmals eine Anhörung sowohl der Schüler als auch der Eltern unterblieben ist und die Erziehungsberechtigten der minderjährigen Schüler fast nie einen Widerspruch gegen den Bescheid der Schulaufsichtsbehörde eingelegt haben.[10]

4.3.2 Das Verhalten der Schüler

Die Vorfälle, die zum Antrag auf Erlass einer Ordnungsmaßnahme führten, wurden in »(eskalierte) Einzelkonflikte«, »Verhaltensauffälligkeiten mit, in diesem konkreten Fall, klarem Einzelkonflikt« und »verhaltensauffällige Schüler« eingeteilt (vgl. Abb.18, Seite 60).

»Eskalierter Konflikt« bedeutete, dass zwei Schüler ohne erkennbare Vorgeschichte in eine physische Auseinandersetzung geraten sind. »Verhalten/ Konflikt« bezeichnet die Fälle, in denen der Schüler zwar verhaltensauffällig war, in diesem Fall jedoch in einen konkreten Einzelkonflikt verwickelt wurde. Die Gruppe der »verhaltensauffälligen Schüler« betraf diejenigen,

---

9 Siehe hierzu Wetzels/Enzmann in: Grimm 1999, insbesondere die Tabelle 11 auf Seite 136, in der die Schüler, die in »aktive Gewalttäter« eingeteilt worden waren, nach Bildungsniveau und ethnischer Herkunft unterschieden wurden, und sich für bestimmte Schulformen eine fast gleich hohe Belastung von Deutschen, Eingebürgerten und Aussiedlern sowie Ausländern ergab.
10 Siehe hierzu auch später die Kapitel 4.3.4 und 4.3.6.

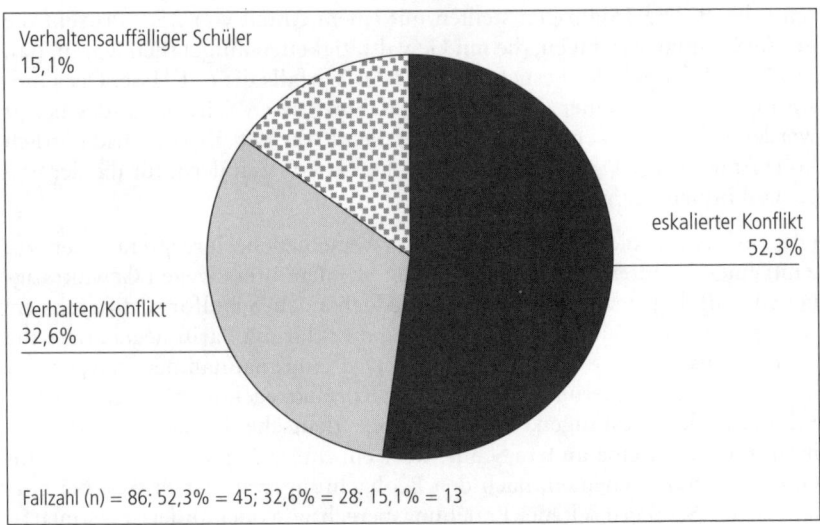

Verhaltensauffälliger Schüler
15,1%

eskalierter Konflikt
52,3%

Verhalten/Konflikt
32,6%

Fallzahl (n) = 86; 52,3% = 45; 32,6% = 28; 15,1% = 13

Abb. 18: Sachverhalt, der dem Antrag ans Schulamt auf Erlass einer Ordnungsmaßnahme zugrundelag

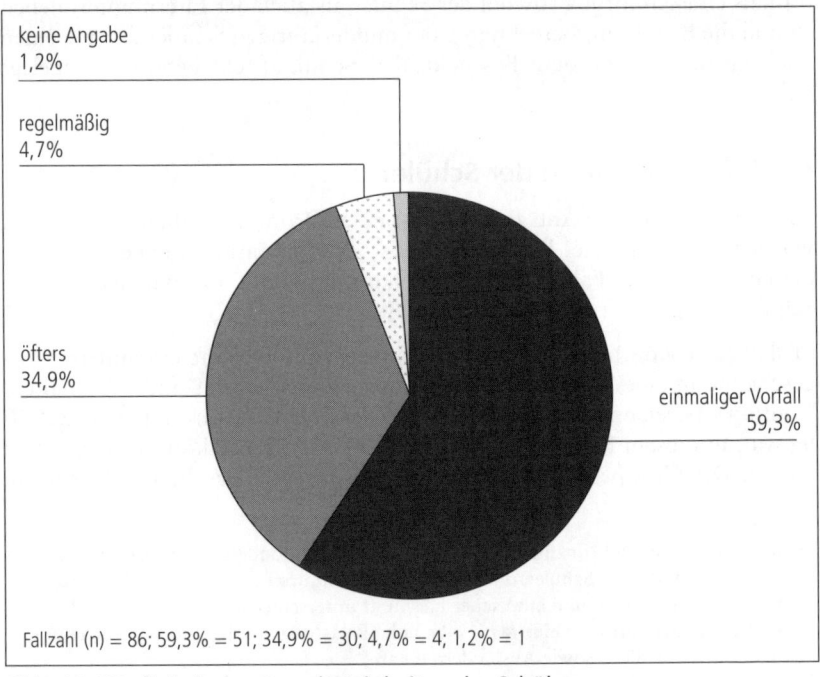

keine Angabe
1,2%

regelmäßig
4,7%

öfters
34,9%

einmaliger Vorfall
59,3%

Fallzahl (n) = 86; 59,3% = 51; 34,9% = 30; 4,7% = 4; 1,2% = 1

Abb. 19: Häufigkeit der Gewalttätigkeiten des Schülers

die immer wieder durch Unterrichtsstörungen, verbale Attacken und körperliche Angriffe auffielen, so dass der Anlass für diese Ordnungsmaßnahme einer unter vielen darstellte. Die Vorfälle wurden zudem danach unterschieden, ob es sich bei den Gewalttätigkeiten um einen einmaligen Vorfall, um einzelne Vorfälle, die öfters vorkamen, oder um regelmäßige Vorkommnisse handelte (vgl. Abb.19, Seite 60).

Bei knapp zwei Dritteln der Gewalttätigkeiten lag ein einmaliger Vorfall vor, d.h. der Schüler war bisher nicht mit einem gewalttätigen Verhalten in Erscheinung getreten. Dies wurde mit der Feststellung verbunden, wie oft der betroffene Schüler zuvor überhaupt Auffälligkeiten gezeigt hatte. Bei einem Viertel der Schüler handelte es sich um einen einmaligen Vorfall.

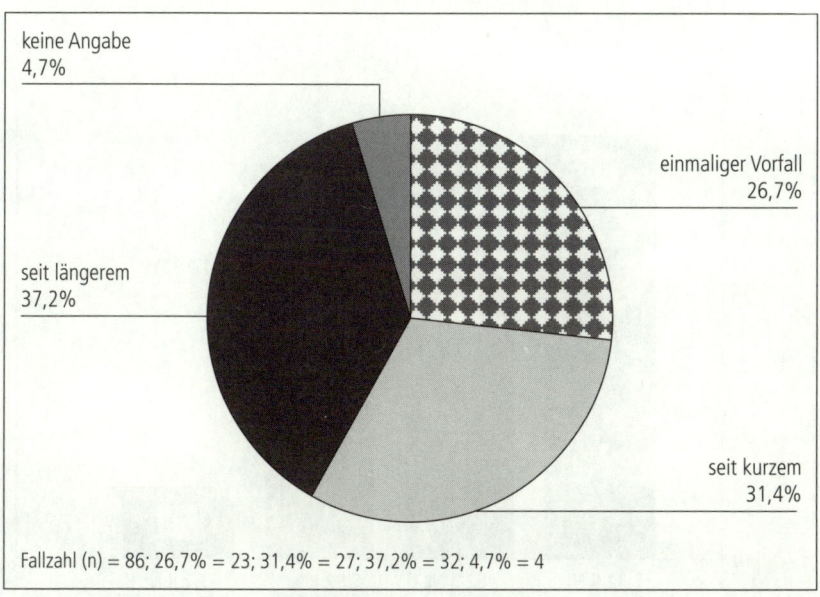

Fallzahl (n) = 86; 26,7% = 23; 31,4% = 27; 37,2% = 32; 4,7% = 4

Abb. 20: Häufigkeit der Auffälligkeiten des Schülers

Bei der weiteren Analyse dieser Fakten blieben 22 Fälle übrig, in denen ein klarer (eskalierter) Einzelkonflikt vorlag und sowohl die Auffälligkeit als auch die Gewalttätigkeit des Schülers einen einmaligen Vorfall darstellten, d.h. ein Viertel der gewalttätigen Vorfälle beruhten auf einem singulären Ereignis (Konflikt). Bei einer engen Auslegung der Voraussetzungen für eine Mediation hätten diese »Konflikte« für eine konstruktive Konfiktbearbeitung geeignet sein können. Bei den übrigen Fällen handelte es sich entweder um generell verhaltensauffällige Schüler, um regelmäßig vorkommende Gewalttätigkeiten des Schülers und/oder um seit längerem feststellbare Auffälligkeiten des Schülers.

4.3.3 Inhalt der Anträge und Begründungen der Ordnungsmaßnahmen

Die Anträge an das Schulamt betrafen in 43,1 Prozent der Fälle den »Ausschluss aus der Schule« (§ 82 Abs. 2 Nr. 6 und 8 Hessisches Schulgesetz) und in 56,9 Prozent der Fälle die Androhung dieser Maßnahme (§§ 82 Abs. 2 Nr. 5 und 7 Hessisches Schulgesetz).

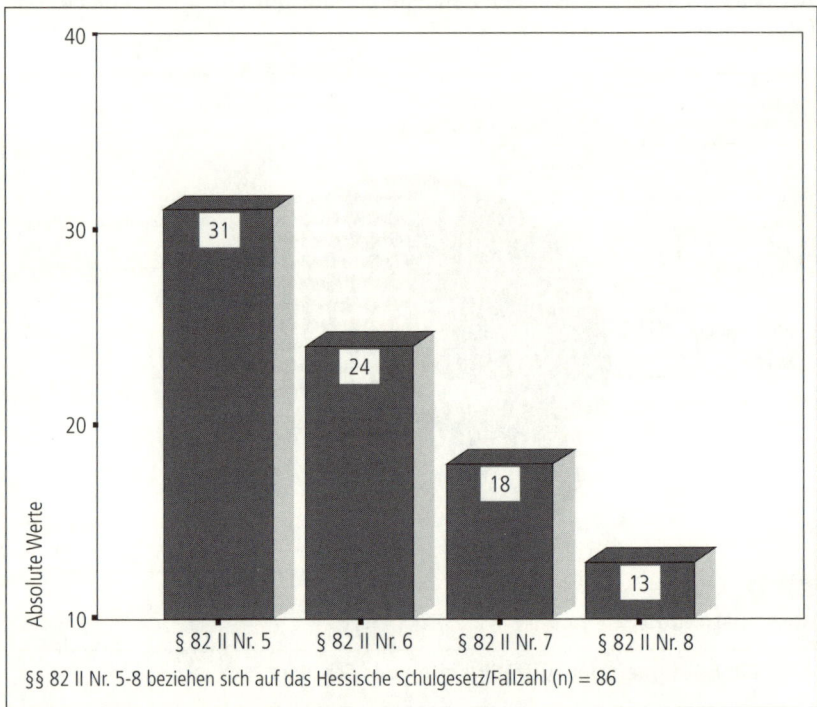

§§ 82 II Nr. 5-8 beziehen sich auf das Hessische Schulgesetz/Fallzahl (n) = 86

Abb. 21: Inhalt der Anträge an das Schulamt auf Erlass einer Ordnungsmaßnahme

Bei den Begründungen für die Anträge auf Androhung des Schulausschlusses bzw. auf Ausschluss von der Schule lag das Anliegen der Schule in erster Linie in der Herstellung des ungestörten Unterrichts- und Schulbetriebs. Die Hälfte der Nennungen fielen in die Kategorien »Interesse der Schule«, »Aspekte der Generalprävention«, »Schutz von Schülern und Lehrern«,

»Störung des Unterrichts« und »Störung des Schulfriedens«. An zweiter Stelle standen abstrakte Beschreibungen des Schülerverhaltens, wie etwa »kriminelle Taten«, »Gewalttätigkeiten«, »Aggressionen« oder »Regelverstöße«, die als Begründung für den Erlass der Ordnungsmaßnahme dienen sollten. Pädagogische Ausführungen, warum diese Ordnungsmaßnahme als Reaktion auf das Verhalten erforderlich sein sollte, fanden sich selten. Lediglich bei einem knappen Viertel der Nennungen wurde die Begründung in einen konkreten Bezug zur Person des Schülers gesetzt. Diese finden sich in den Kategorien »Spezialprävention«, »schlechte Prognose«, »alle bisherigen Maßnahmen waren nutzlos« und »Verhalten des Schülers erfordert diese Maßnahme«. Spezialpräventive Aspekte der Ordnungsmaßnahme, d.h. Überlegungen, dass diese ausgewählte Sanktion den Schüler von weiteren Gewalttätigkeiten abhalten werde, wurden nur bei 10 Nennungen berücksichtigt, wie z.B., dass andere pädagogische Maßnahmen bisher nichts geholfen hätten und dem Schüler jetzt durch diese Maßnahme eindringlich verdeutlicht werden müsse, wohin sein Verhalten führen könne.

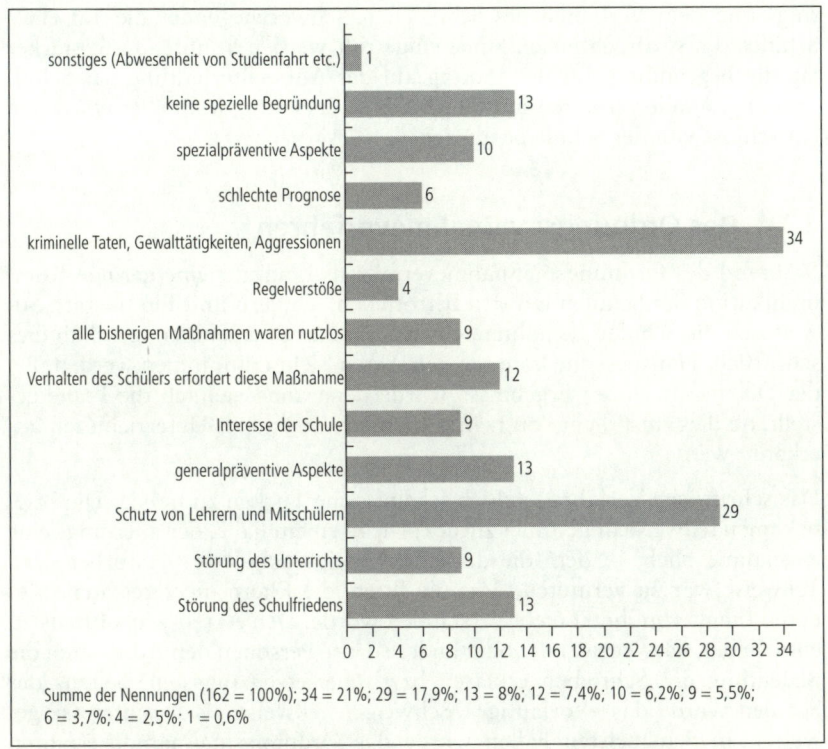

Abb. 22: Begründungen für die beantragten Ordnungsmaßnahmen

Dieses Ergebnis deutet darauf hin, dass die Begründungen zu den beantragten Ordnungsmaßnahmen eher aus rechtlichen Zweckmäßigkeitsgründen als aus pädagogischen Zielvorstellungen heraus formuliert wurden. Aus Sicht der Schulen bedeutete dies eventuell, den Antrag gegenüber der Aufsichtsbehörde möglichst unanfechtbar zu gestalten. Dabei darf aber nicht übersehen werden, dass bei vielen Anträgen das Prinzip der Verhältnismäßigkeit zwischen dem schulrechtlichen Eingriff und dem Verhalten des Schülers missachtet wurde. Dies bestätigt vielmehr die Annahme, die durch Beobachtungen in der Praxis verstärkt wurde, dass die Schulen an einem bestimmten Punkt des Geschehens den störenden Schüler nicht mehr in ihrem Kreis haben möchten. Dieser Eindruck spiegelt sich auch in der Tatsache wider, dass zwischen dem mit dem Antrag an das Schulamt verfolgten Ziel, d.h. der Androhung des Schulausschlusses oder des Ausschlusses von der Schule, und der Person des Schülers bzw. seiner Tat keine statistisch gesicherte Beziehung erkennbar war. Es gab aber einen signifikanten, d.h. nicht rein zufälligen, Zusammenhang zwischen der Begründung des Antrags und der Schwere des Delikts, das diesem zugrundelag, sowie dem Inhalt des Antrags und dem Verhalten des Schülers: Je schwerwiegender die Tat eines Schülers im strafrechtlichen Sinne eingestuft werden konnte, desto stärker lag die Begründung für den Antrag auf der Aufrechterhaltung der Schulordnung, und je verhaltensauffälliger ein Schüler war, desto eher wurde ein Ausschluss von der Schule beantragt.

4.3.4 Das Ordnungsmaßnahmeverfahren

Während des Ordnungsmaßnahmeverfahrens fand nur eine geringe Kommunikation der Schulen mit den betroffenen Schülern und Eltern statt. Soweit sich die Schulen bemühten, einen Kontakt aufzunehmen, geschah dies schriftlich. Hausbesuche konnten den Akten nicht entnommen werden. Bei der Diskussion dieser Ergebnisse wurde denn auch vielfach die Frage gestellt, ob dies zur Pflicht von Lehrkräften gehöre und als Unterrichtszeit anerkannt werde.

Das schriftliche Verfahren jedoch scheint seine Tücken zu haben. Die Briefe kamen teilweise ungeöffnet zurück, wie in einem Falle, der allerdings eine Ausnahme blieb, in dem die drogenabhängige Schülerin verstorben war. Teilweise war zu vermuten, dass die Briefe die Eltern nie erreichten oder deren Inhalt von ihnen nicht verstanden wurde. Den Akten war oftmals zu entnehmen, dass Verwandte oder andere dritte Personen den Adressaten die Bedeutung der Schreiben erklären bzw. übersetzen mussten. Seitens der Schulen wurde das »vorläufige« Schweigen teilweise als Desinteresse gewertet. In den meisten Fällen wurde das Ordnungsmaßnahmeverfahren dann ohne Hinzuziehung der Erziehungsberechtigten durchgeführt. Die damit verbundene Einschränkung des rechtsstaatlich gewährten Anhörungsrechts der Schüler und der Eltern minderjähriger Schüler bei derartig schwerwiegenden Eingriffen wie des Ausschlusses von der Schule wurde nicht problematisiert.

In der Praxis konnte sogar beobachtet werden, dass 11jährige sich ohne Interessenvertretung in einer Klassenkonferenz gegenüber mehreren Lehrkräften für ihr Verhalten rechtfertigen mussten. In der Analyse der Schulamtsakten, die auch Protokolle über das Ordnungsmaßnahmeverfahren enthielten, stellte sich dies so dar: Nur bei einem Viertel der Verfahren kam es zu einem ausführlichen Gespräch mit den Eltern bzw. einem Elternteil. Ein Drittel der Schüler nahmen an den Klassenkonferenzen, in denen die Sanktionen gegen sie diskutiert und beschlossen wurden, nicht teil. In über der Hälfte der Fälle waren keine Eltern anwesend. Lediglich 11mal wurden schulexterne Personen oder Institutionen im Zusammenhang mit den Maßnahmen gehört.

Dies lässt sich einerseits damit erklären, dass Schulen eine Scheu davor haben, Dritte in ihre Probleme einzubeziehen, da dies den Eindruck erwecken könnte, sie wären nicht in der Lage, ihre Konflikte pädagogisch zu lösen. Schulen befinden sich teilweise in einer Konkurrenzsituation und sehen sich gezwungen, nach außen ein »gutes« Bild abzugeben. Dies erschwert z.B. Aktivitäten zur Gewaltprävention, da Außenstehende annehmen, eine Schule habe besondere Gewaltprobleme, wenn sie auf diesem Gebiet tätig wird. Teilweise fehlt den Schulen aber auch ein etabliertes Netzwerk, auf das sie bei Konflikten zurückgreifen können.

Die offiziellen Angebote, etwa des schulpsychologischen Dienstes, sind in der Regel nicht ausreichend, und nur wenige Schulen besitzen Schulsozialarbeiter, die sie in diesen Situationen um Unterstützung bitten können. Andererseits ist der Schulalltag so gestaltet, dass Entscheidungen möglichst schnell und effektiv gefällt werden müssen. Das Einbeziehen der Schüler und Eltern in das Verfahren erscheint eventuell zu aufwendig und zeitraubend, insbesondere, da nach Äußerungen von manchen Lehrkräften die Zusammenarbeit mit Eltern eher als konfliktträchtig und weniger als konstruktiv erlebt wird. Schulen versuchen deshalb zunächst, das Problem selbst in den Griff zu bekommen. Besonders bei verhaltensauffälligen Schülern wird oftmals über längere Zeit mit verschiedenen Erziehungs- und Ordnungsmaßnahmen »experimentiert". Das Scheitern dieser Bemühungen liegt nicht nur unbedingt an dem Schüler, sondern auch an einer fehlenden klaren Linie im Lehrerkollegium und bei der Schulleitung. An einem bestimmten Punkt wird dann eine Entscheidung fällig, z.B. den Schüler von der Schule zu verweisen. Zu diesem Zeitpunkt sind die Standpunkte meist verfestigt und die Fronten geschlossen.

Dies zeigte sich bei den vorliegenden Fällen wie folgt: In den Klassenkonferenzen, in denen das Verhalten der Schüler besprochen wurde, herrschte eine eher negative Atmosphäre. Bei 76 Verfahren enthielten die Protokolle der Klassenkonferenzen Stellungnahmen der Schulleitung bzw. der Lehrerschaft. In 47,7 Prozent der Fälle gab es »schülerunfreundliche« Anmerkungen. So wurden z.b. nur unangenehme Charakterzüge der Schüler aufgezählt oder deren Äußerungen, ohne Würdigung der konkreten Tatumstände, von vorne herein für Lügen erklärt. Insgesamt vermittelte die Auswertung dieser Stellungnahmen den Eindruck, dass ein Verbleiben des Schülers auf der Schule nicht erwünscht war. Bei 40,7 Prozent der Verfahren fanden sich Beurteilungen, die auf eine »schülerfreundliche« Haltung der Schulleitung oder Lehrer bzw. auf ein Interesse der Schule an den Schülern hindeuteten; so wurde u.a. trotz Kenntnis der negativen Vorkommnisse versucht, auch die positiven Seiten des Schülers zu sehen.

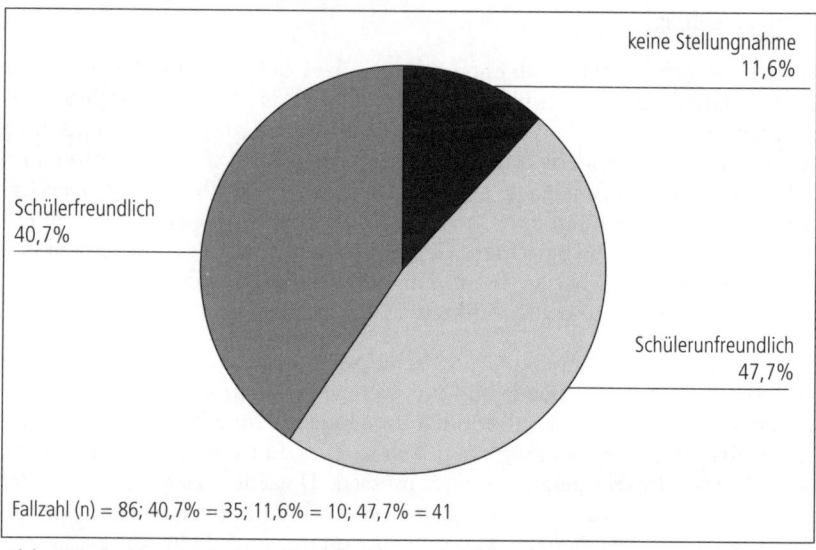

keine Stellungnahme
11,6%

Schülerfreundlich
40,7%

Schülerunfreundlich
47,7%

Fallzahl (n) = 86; 40,7% = 35; 11,6% = 10; 47,7% = 41

Abb. 23: Stellungnahmen der Schulen zur Person des Schülers

Bei 72,1 Prozent der Verfahren waren in den Protokollen von den Klassenkonferenzen auch Stellungnahmen der Schüler festgehalten worden. Insgesamt wurden in über einem Drittel der Fälle die Aussagen der Schüler seitens der Schulleitung als »nicht-kooperatives« Verhalten gewertet, insbesondere, wenn diese ihre Unschuld beteuerten. In dem Viertel der Fälle, in denen die Schüler seitens der Schule als »kooperativ« bezeichnet wurden, hatten sie meistens ihre Tatbeteiligung eingeräumt und sich für ihr Verhalten entschuldigt (vgl. Abb.24, Seite 67).

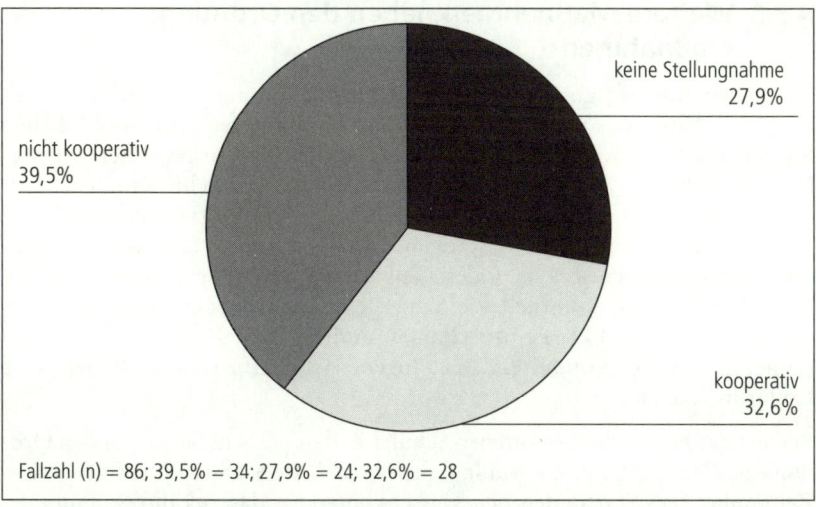

keine Stellungnahme
27,9%

nicht kooperativ
39,5%

kooperativ
32,6%

Fallzahl (n) = 86; 39,5% = 34; 27,9% = 24; 32,6% = 28

Abb. 24: Stellungnahmen der Schüler aus Sicht der Schule

Bei dem überwiegenden Anteil der 86 Ordnungsmaßnahmeverfahren zeigte sich anhand fehlender oder negativer Beurteilungen, dass zum Zeitpunkt der Klassenkonferenzen wesentliche Entscheidungen über die Sanktionen bereits getroffen waren und Schüler sowie Eltern nur noch begrenzte Möglichkeiten besaßen bzw. besessen hätten, auf den Ausgang des Verfahrens Einfluss zu nehmen. Auf der anderen Seite zeigten sich jedoch signifikante Zusammenhänge zwischen einem intensiven Elterngespräch vor der Entscheidung über Ordnungsmaßnahmen und der Teilnahme von Schülern und Eltern an den Klassenkonferenzen ebenso wie zwischen der Teilnahme der Eltern und der der Schüler an diesen Veranstaltungen.

Das könnte bedeuten, dass ein Kontakt zwischen Schule und Eltern die Motivation von Eltern und Schülern, an dem Ordnungsmaßnahmeverfahren teilzunehmen, erhöhen kann. Es ist aber auch denkbar, dass die Eltern in einem ausführlichen Gespräch zur Teilnahme aufgefordert werden können.

Die Einbeziehung aller Beteiligten in das Ordnungsmaßnahmeverfahren spiegelte sich wiederum in positiven Stellungnahmen der Schulen wider. Wobei die Frage von Ursache und Wirkung offen blieb, d.h. es war nicht klar, ob die positive Haltung der Schule diese eher dazu veranlasste, Schüler und Eltern in das Verfahren einzubeziehen, oder ob die Beteiligung dieser Personen zu günstigeren Ergebnissen führte.

4.3.5 Weitere Maßnahmen neben den Ordnungsmaßnahmen

Zu einer Strafverfolgung wegen der Gewaltvorkommnisse kam es nur selten. Den Akten des staatlichen Schulamts konnten lediglich in 11 Fällen Strafanzeigen entnommen werden, die von den Opfern bzw. deren Erziehungsberechtigten gestellt worden waren. Die Schulen schienen die Vorfälle fast nie angezeigt zu haben. Berichte aus der Schulpraxis und aus Täter-Opfer-Ausgleichsprojekten bestätigen diesen Eindruck, dass viele Schulen die Polizei, auch bei gravierenden Gewaltvorkommnissen, nicht informieren. Hier könnten eventuell die Scheu, eine Strafverfolgungsbehörde bei schulinternen Konflikten einzuschalten, und das Fehlen bereits funktionierender informeller Kontakte, z.B. zu Jugendsachbearbeitern der Polizei, eine Erklärung bieten.

Bei fast der Hälfte der betroffenen Schüler hatten die Schulen neben den Ordnungsmaßnahmen weitere Maßnahmen beschlossen. Dabei stand zu diesem Zeitpunkt, dem Stattfinden der Klassenkonferenz, das zukünftige Einbeziehen anderer (schulexterner) Institutionen im Vordergrund. Es wurden aber auch Gespräche mit den Schülern und den Eltern, teilweise mit dem Ziel, ein Verlassen der Schule anzuraten, angeregt. Weitere Maßnahmen betrafen Dienste für die Schule, z.B. das Aufräumen des Schulhofes, oder Wiedergutmachungsleistungen, wie etwa den Ersatz des entstandenen Schadens.

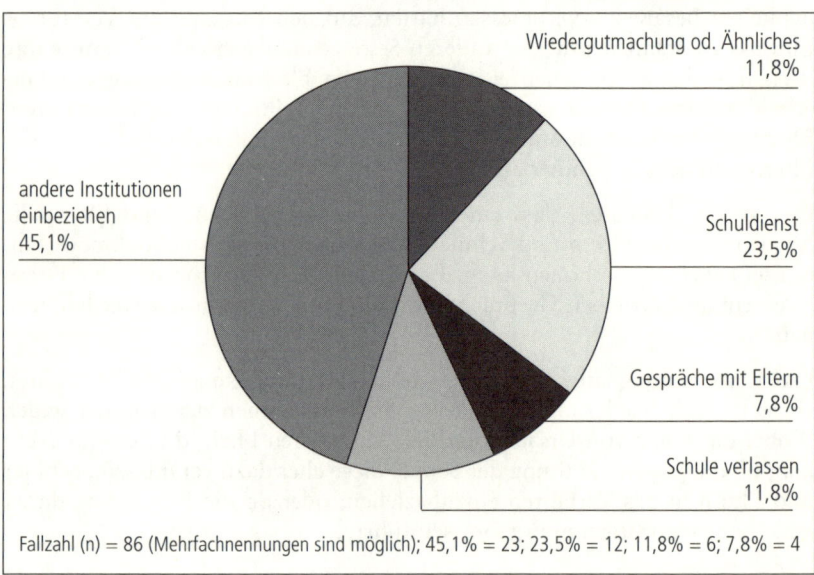

Fallzahl (n) = 86 (Mehrfachnennungen sind möglich); 45,1% = 23; 23,5% = 12; 11,8% = 6; 7,8% = 4

Abb. 25: Weitere Maßnahmen neben den beantragten Ordnungsmaßnahmen

In einem Stadium, in dem die Androhung des Schulausschlusses bzw. der Ausschluss aus der Schule in Erwägung gezogen wird, erscheint die Einschaltung externer Fachleute verspätet und die Verhängung zusätzlicher Sanktionen rechtlich und pädagogisch bedenklich.

Aber auch die pädagogische Wirkung der schulrechtlichen Sanktionen als Mittel zur Vermeidung eines Rückfalls muss bezweifelt werden. Soweit dies den Akten über die Ordnungsmaßnahmeverfahren entnommen werden konnte, hatten bisherige Sanktionen gegen die betroffenen Schüler nur wenig Wirkung im Sinne einer Verhaltensänderung gezeigt. Bei 42,2 Prozent der Fälle war eindeutig festgehalten worden, dass bereits Erziehungsmaßnahmen erfolgt waren, und 40,7 Prozent der Schüler waren schon zuvor mit Ordnungsmaßnahmen belegt worden. 16mal handelte es sich um einschlägige Ordnungsmaßnahmen, d.h. um vorherige Sanktionen, die der Schwere nach der aktuell beantragten Maßnahme entsprachen. Insbesondere die verhaltensauffälligen Schüler wiesen in hohem Maße Erfahrungen mit Erziehungs- und Ordnungsmaßnahmen auf. 61,5 Prozent der Schüler, die bei der Sachverhaltsbeschreibung als verhaltensauffällig eingestuft worden waren, und 59,4 Prozent derer, die bereits länger auffällig waren, konnten entsprechende Vorerfahrungen vorweisen.

Hier liegt sicher ein Hauptproblem für die Schulen, das sie mit Ordnungsmaßnahmen zu bewältigen versuchen: der Umgang mit verhaltensauffälligen Schülern, die nicht nur den Unterricht stören, sondern auch den Bildungs- und Erziehungsauftrag, den die Schule den anderen Schülern gegenüber zu gewährleisten hat, gefährden. An dieser Stelle fehlen der Schule die personellen und zeitlichen Voraussetzungen, sich dieser Schüler in Ruhe anzunehmen.

In der Praxis wird deshalb bisweilen die Möglichkeit ergriffen, die Schulpflicht ruhen zu lassen, bis sich die Situation geklärt hat und die Beteiligten Zeit hatten bzw. sich gezwungen sehen, eine Lösung zu suchen. So war auch bei 17 der betroffenen Schüler in den Akten ein Ruhen der Schulpflicht vermerkt. Insgesamt dürften die Zahlen der Vorbelastungen bei den Schülern jedoch höher liegen, da den Vorgängen beim staatlichen Schulamt nicht immer entnommen werden konnte, inwieweit Schüler mit entsprechenden »Karrieren« bereits von anderen Schulen übergewechselt waren oder mit welchen Maßnahmen die jeweilige Schule vor dem Antrag an die Aufsichtsbehörde versucht hatte, auf den Schüler einzuwirken.

4.3.6 Der Abschluss der Ordnungsmaßnahmeverfahren

Das staatliche Schulamt gab zwei Drittel der Anträge in der Form, in der sie die Schulen gestellt hatten, statt. In den restlichen Fällen wurden die Anträge abgelehnt bzw. abgeändert oder das Verfahren eingestellt (vgl. Abb.26).

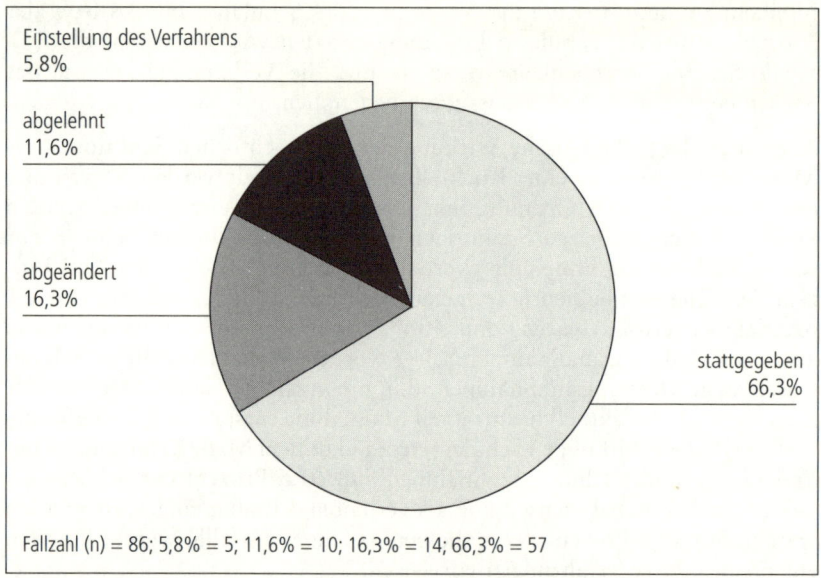

Einstellung des Verfahrens
5,8%

abgelehnt
11,6%

abgeändert
16,3%

stattgegeben
66,3%

Fallzahl (n) = 86; 5,8% = 5; 11,6% = 10; 16,3% = 14; 66,3% = 57

Abb. 26: Abschluss des Ordnungsmaßnahmeverfahrens beim Schulamt

Bei den Begründungen der Ablehnung oder Abänderung der Anträge wurde insbesondere moniert, dass die Schulen zunächst ein milderes Mittel hätten versuchen sollen und dass die Verhältnismäßigkeit des Mittels zur Tat nicht gegeben sei. Ein Viertel der Begründungen betrafen Verfahrensfehler, d.h. die Ordnungsmaßnahme war für ein außerschulisches Verhalten beantragt worden, der zeitliche Bezug zwischen Handlung und Sanktion fehlte oder die Tat war bereits geahndet (Verbot der Doppelbestrafung) (vgl. Abb.27, Seite 71).

Die hohe Anzahl der Fälle, in denen die Schulen es versäumt hatten, zunächst eine mildere Maßnahme einzusetzen oder den Verhältnismäßigkeitsgrundsatz zu beachten, gibt zu denken. Insbesondere, da es sich dabei teilweise um Vorfälle handelte, bei denen die Sanktion in keinster Weise dem Verhalten des Schülers angemessen war, wie in folgendem Fall: Schüler einer 6. Klasse hatten Äpfel aus dem Schulgebäude auf Passanten geworfen. Die Schule beantragte für den »Haupttäter« den Schulausschluss.

Es ist sicherlich verständlich, dass während des Ordnungsmaßnahmeverfahrens unter den Rahmenbedingungen des Schulalltags in tatsächlicher und rechtlicher Hinsicht Fehler gemacht werden können, und aus diesen Gründen liegt es auch in den Händen der Schulaufsicht, Anträge, die einen Schulausschluss enthalten, zu prüfen.

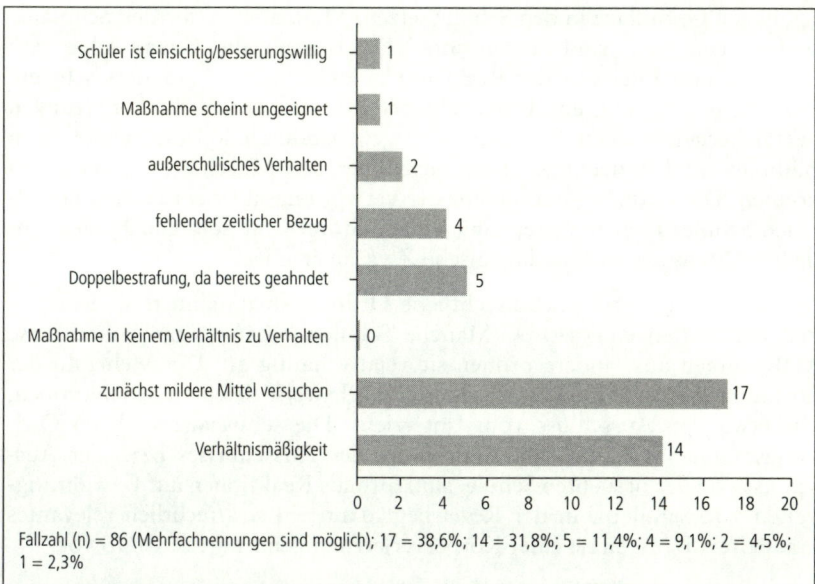

Fallzahl (n) = 86 (Mehrfachnennungen sind möglich); 17 = 38,6%; 14 = 31,8%; 5 = 11,4%; 4 = 9,1%; 2 = 4,5%; 1 = 2,3%

Abb. 27: Begründung zur Abänderung oder Ablehnung der beantragten Ordnungsmaßnahme

Bedenklich stimmt aber, dass die Betroffenen in diesem Verfahren, das für sie mit einem bedeutsamen, belastenden staatlichen Eingriff verbunden war, so selten von ihrem Recht auf eine Stellungnahme gegenüber der Schulbehörde, auf das sie in dem Bescheid über den Schulausschluss hingewiesen wurden, Gebrauch machten. So haben während des Verfahrens beim staatlichen Schulamt, in dem über die beantragte Ordnungsmaßnahme entschieden werden sollte, in zwei Drittel der Fälle die Schüler bzw. Eltern, d.h. 60,5 Prozent der betroffenen Personen, ihr gesetzliches Anhörungsrecht nicht wahrgenommen. Hier wäre doch zu hinterfragen, ob dies aus Unkenntnis oder Unverständnis, aus Resignation oder Behördenangst oder aus Desinteresse geschehen ist.

4.4 Zusammenfassung

Die Erziehungs- und Ordnungsmaßnahmen des Schulrechts geben den Schulen eine gesetzliche Grundlage, unter den entsprechenden Voraussetzungen Sanktionen gegen Schüler zu erlassen. Während die Auswahl der Erziehungsmaßnahmen weitgehend der pädagogischen Freiheit der Lehrkräfte unterliegt, bedürfen die Ordnungsmaßnahmen einer besonderen gesetzlichen Grundlage in den Schulgesetzen. Maßnahmen, die den Schulausschluss betreffen, sind wegen ihres Eingriffs in die Grundrechte von Schülern und Eltern in der Regel nur zulässig, wenn besonders schwere Störungen des Schul- und Unterrichtsbetriebs oder erhebliche Verletzungen der Sicherheit anderer Personen vorliegen. Dadurch soll die Schule ihren Bildungs- und Erziehungsauftrag gegenüber den Mitschülern durchsetzen können. Die Ordnungsmaßnahme als Verwaltungsakt sieht in dem betroffenen Schüler zwar in erster Linie einen »Störer«; sie soll jedoch nach einhelliger Meinung auch pädagogische Zwecke erfüllen.

Im Schulalltag werden schulrechtliche Ordnungsmaßnahmen als Sanktionen eher selten eingesetzt.[11] Manche Schulen kommen ganz ohne diese Maßnahmen aus, andere ordnen sie relativ häufig an. Die Mehrzahl der Ordnungsmaßnahmen betrifft die vergleichsweise leichteren Sanktionen, wie etwa den Ausschluss vom Unterricht. Die schwerwiegenderen Ordnungsmaßnahmen, d.h. die Androhung des Ausschlusses bzw. der Ausschluss von der besuchten Schule, sind oftmals Reaktionen auf Gewalttätigkeiten von Schülern. In der Regel liegt dann ein strafrechtlich relevantes Handeln, z.B. im Sinne einer Körperverletzung gemäß § 223 StGB vor.

Schulen warten allerdings oftmals sehr lange, bis sie eine entsprechende Ordnungsmaßnahme in Betracht ziehen, erwarten dann aber eine endgültige und schnelle Lösung des Problems. Die Atmosphäre zum Zeitpunkt der Entscheidung über die Ordnungsmaßnahme ist deshalb meistens sehr angespannt. In den Klassenkonferenzen prägen überwiegend negative Gefühle die Haltung der Schule gegenüber den betroffenen Schülern. Die Beteiligten stehen sich in dieser Phase des Verfahrens oftmals unversöhnlich gegenüber. Bei über der Hälfte der gewalttätigen Vorfälle kommt es zu einem Ausschluss des Schülers von der besuchten Schule. Dies wird in der Regel mit dem Interesse der Schule an einem ungestörten Schulleben und -unterricht begründet. Nur selten enthält die Begründung der für erforderlich gehaltenen Ordnungsmaßnahme Überlegungen zur Person des Schülers, und fast nie wird ausdrücklich eine spezialpräventive Einwirkung durch die Sanktion auf den Schüler in Betracht gezogen. Soweit eine Verhaltensänderung des Schülers mit der Ordnungsmaßnahme bezweckt wird, basieren die Ausführungen oftmals auf pädagogischen Alltagstheorien, z.B. auf der Ansicht, die Teilnahme an der Klassenkonferenz werden einen heilsamen Schock für den Schüler bedeuten.

Schulleiter und Lehrer äußern überwiegend Zweifel am pädagogischen Nutzen der Ordnungsmaßnahmen. Teilweise wird zwar die Androhung des Schulverweises für ein wichtiges Instrument gehalten, dem Schüler die

---

11 Siehe hierzu auch die Angaben in Kapitel 3.1.1, Abb.8.

Grenzen seines Tuns aufzuzeigen, als geeignetes Mittel für eine langfristig während Einwirkung auf sein Handeln wird sie jedoch eher kritisch beurteilt. Der Ausschluss von der besuchten Schule bedeutet in der Praxis meistens das Verschieben des Schülers von einer Schule zur nächsten, wobei oftmals ein Austausch »schwieriger« Schüler zwischen den Schulen stattfindet. Aber auch die anderen schulrechtlichen Ordnungsmaßnahmen, z.B. die Versetzung des Schülers in eine Parallelklasse, stoßen aus persönlichen und organisatorischen Gründen im Schulalltag auf Bedenken.

Das wiederholte Auffälligwerden von Schülern, die bereits (verschiedene) Ordnungsmaßnahmen erhalten haben, lässt am pädagogischen Nutzen der Maßnahmen sowie des Verfahrens zweifeln. Schulen neigen deshalb vielfach dazu, meistens im Zusammenhang mit der Androhung von Ordnungsmaßnahmen, weitere Maßnahmen zu beschließen. Auf der anderen Seite halten sich Schulen jedoch während des Ordnungsmaßnahmeverfahrens zurück, bei der Diskussion der geplanten Sanktionen alle Betroffenen zu beteiligen oder schulexterne Fachleute einzubeziehen. Bei der Entscheidung über Ordnungsmaßnahmen, die den Ausschluss aus der Schule bezwecken, scheint das Recht stärker als die Pädagogik zu sein.

Die meisten Schulen bemühen sich, ihre Anträge formal-juristisch unanfechtbar zu gestalten, was sich in der oft zu findenden Formulierung, dass es sich bei dem Verhalten des Schülers um »eine besonders schwere Störung des Schul- oder Unterrichtsbetriebs mit einer dadurch bedingten anhaltenden Gefährdung von Unterricht und Erziehung der Mitschülerinnen und Mitschüler« handele, ausdrückt, die weitgehend den gesetzlichen Voraussetzungen für den Schulausschluss entspricht.

5. Schulmediation zwischen Pädagogik und Recht

Schulen haben verschiedene Möglichkeiten, mit Konflikten umzugehen. Sie können zunächst versuchen, Meinungsverschiedenheiten und Auseinandersetzungen zu ignorieren. Oftmals werden Störungen des Unterrichts- und Schulbetriebs durch Machtentscheidungen von Autoritätspersonen beendet. In der Regel reagieren Schulen jedoch auf (gewalttätige) Konflikte von Schülern mit schulrechtlichen Sanktionen. Mit Mediation ist den Schulen eine weitere pädagogische Maßnahme eröffnet worden, Konflikte durch einen Interessenausgleich zu bereinigen. Dies entspricht auch den Anforderungen der Schulgesetze, die, wie etwa das Hessische Schulgesetz, es als Bildungs- und Erziehungsauftrag der Schule bezeichnen, dass Schülerinnen und Schüler lernen »Konflikte vernünftig und friedlich zu lösen, aber auch Konflikte zu ertragen« (§ 2 Abs. 3 Satz 2 Hessisches Schulgesetz).

5.1 Der traditionelle Umgang mit Konflikten

Es gibt nur wenige Untersuchungen zum Umgang mit Konflikten in der Schule, die sich zumeist mit den Reaktionen auf Gewalttaten von Schülern im Rahmen der Behandlung von »Gewalt in der Schule« befassen.

Dabei zeigt sich eine Tendenz, dass Schüler und Lehrer sich oftmals beim Beobachten von Gewalt passiv verhalten. Lehrer sind zwar nach eigener Wahrnehmung der Ansicht, dass sie bei Konflikten öfters eingriffen als Schüler, aber viele Schüler geben an, dass Lehrer zu wenig unternähmen, sondern bei Aggressionen und Gewalt wegsähen.[1] Eine Mehrheit der Schüler wünscht sich aber ein konsequenteres Eingreifen bei Gewalthandlungen von Mitschülern.[2] Lehrer zeigen jedoch nach eigenen Angaben eine große Unsicherheit und Hilflosigkeit beim Umgang mit gewalttätigen Handlungen von Jugendlichen. Sie fühlen sich oftmals überfordert, die zugrundeliegenden Konflikte aufzuarbeiten. Zudem geben sie an, keine Schulsozialarbeit machen zu wollen bzw. zu können. Sie fordern eine verbesserte Wirksamkeit schulischer Sanktionen, nicht zuletzt die Ausweitung schulischer Sanktionsmöglichkeiten.[3]

---

1 Vgl. Schubarth 1997, S.71 bis 73.
2 Siehe die Schüleraussagen bei Melzer/Oelze/Riebe/Tillmann/Werning 1995, S.6.
3 Würtz/Hamm/Willems/Ecker 1996, S.123.

Bei Befragungen von Schulleitern in Baden-Württemberg, Hessen, Sachsen und Thüringen berichteten diese, dass auf ein abweichendes Verhalten ihrer Schüler am häufigsten mit Aussprachen zwischen Schülern und Lehrern und schriftlichen Verweisen reagiert würde. Es würden schulinterne pädagogische Interventionen kommunikativer Art überwiegen. Sanktionen strafenden Charakters seien eher selten. Versetzungen in eine Parallelklasse oder die Verweisung von der Schule stünden erst am Ende des Maßnahmekatalogs. In erster Linie richteten sich die Reaktionen der Schulen gegen die Täter, eine Einbeziehung der Opfer in die Aussprache fände selten statt.[4]

Ähnliche Ergebnisse lieferte die Befragung von Schulleitern, Lehrern und Schülern an Bochums Schulen über die Häufigkeit, mit der bestimmte Sanktionen im Jahre 1993 aufgrund gewalttätigen Schülerverhaltens verhängt wurden. Nach Angaben der Schulleiter kam es nur in Einzelfällen zu einer Androhung der Entlassung von der Schule bzw. zur Entlassung von der Schule. An 54 Prozent der Schulen kam es zum Ausschluss vom Unterricht und fast die Hälfte der Schulleiter hatten einen schriftlichen Verweis erteilt. 80 bis 90 Prozent der Lehrer gaben an, noch keine Ordnungsmaßnahme bei Gewalttaten von Schülern angewandt zu haben. Soweit es zu entsprechenden Sanktionen gekommen war, handelte es sich in erster Linie um schriftliche Verweise, gefolgt von der Überweisung in eine Parallelklasse, dem Ausschluss aus dem Unterricht für mindestens einen Tag und der Androhung der Entlassung von der Schule. Bei den Erziehungsmaßnahmen, von denen nur 50 Prozent der Lehrer nach eigenen Angaben Gebrauch gemacht haben, bestehen circa 95 Prozent aus Ermahnungen.[5]

Auch die Lehrer an Bayerns Schulen berichteten von schriftlichen Verweisen (60,3 Prozent) und verschärften Verweisen durch den Schulleiter (36,9 Prozent) als häufigste Reaktionen auf Gewalttaten von Schülern. Alle anderen Sanktionsarten des Schulrechts wurden nur sehr selten genannt. 12,9 Prozent der Lehrer teilten mit, dass mindestens einem Schüler an ihrer Schule im laufenden Jahr 1993 die Entlassung angedroht worden sei.[6]

Die Wirksamkeit der einzelnen Erziehungs- und Ordnungsmaßnahmen wird von den Lehrern sehr skeptisch beurteilt. 50 Prozent der Lehrer halten diese Maßnahmen als Reaktionen auf gewalttätiges Verhalten von Schülern »für nicht oder nur wenig wirksam«. Das Einzelgespräch mit dem Schüler wird von 69,3 Prozent der Lehrer noch mit Abstand für die wirksamste Erziehungsmaßnahme gehalten. Bei den Ordnungsmaßnahmen fallen die meisten Nennungen für eine »sehr wirksame« Maßnahme mit 27,2 Prozent

---

4 Ackermann 1996, S.209/210.
5 Schwind/Roitsch/Ahlborn/Gielen 1995, S.219 bis 231.
6 Fuchs 1996, S.172.

zwar auf die Entlassung von der Schule, 53,1 Prozent der Lehrer schätzen diese Reaktion aber als »nicht wirksam« ein. Auch die übrigen Ordnungsmaßnahmen werden von jeweils der Hälfte der Lehrer für »nicht wirksam« oder »wenig wirksam« gehalten.[7]

Schüler zeigen sich von den meisten Erziehungsmaßnahmen nur wenig beeindruckt. Bei einer Befragung von Schülern, über die eine entsprechende Maßnahme wegen gewalttätigen Verhaltens verhängt worden war, gaben zwischen 22,4 und 57,1 Prozent an, dass ihnen dies »nichts ausgemacht« habe. Lediglich »Kollektivstrafen« als Erziehungsmaßnahmen hatten für über zwei Drittel der Schüler eine nachhaltige Bedeutung.[8]

5.2 Das Verhältnis zwischen Schulmediation und Schulordnungsrecht

Mediation und schulrechtliche Ordnungsmaßnahmen eröffnen den Schulen die Möglichkeit, mit verschiedenen pädagogischen Ansätzen auf Konflikte zu reagieren. In der Schulpraxis wird Mediation überwiegend als Ergänzung der herkömmlichen Sanktionen angewandt. Auch Schulen mit Mediationsprojekten greifen spätestens bei Konflikten, die eskaliert sind, auf Ordnungsmaßnahmen zurück.[9]

Schüler werden oftmals mit dem Hinweis auf drohende Sanktionen zum Gespräch mit den Mediatoren geschickt. Es gibt Beispiele, dass Schulen, die das Mediationsangebot fest etabliert haben, eindeutig für die Mediation geeignete Konflikte, in ein Ordnungsmaßnahmeverfahren übergeführt haben. Mediation als Alternative zu den herkömmlichen Sanktionen findet sich zurzeit noch selten. Zunehmend betrachten Schulen jedoch Mediation, unabhängig von den schulrechtlichen Ordnungsmaßnahmen, als etwas »Anderes«, indem sie die Mediationsausbildung als Teil eines Konzepts zur Gewaltprävention durchführen. Im Schulalltag zeigt sich dann allerdings, dass die ausgebildeten Lehrkräfte Probleme mit der Umsetzung des Gelernten bei konkreten Konflikten mit Schülern haben, so dass weiterhin die herkömmlichen (teilweise gravierenden) Sanktionen favorisiert werden. Vielfach stehen diese Lehrer, die ein Mediationstraining durchlaufen haben, der ihnen

---

7 Schwind, a.a.O., S.225.
8 Schwind, a.a.O., S.230. Die kollektive Bestrafung einer Mehrzahl von Schülern ohne Rücksicht auf das inviduelle Fehlverhalten jedes Einzelnen ist allerdings als Ordnungsmaßnahme im Schulrecht aller Länder ausgeschlossen, siehe Staupe 1996, S.103/104.
9 Siehe Kapitel 3.1.1 dieses Buches.

zugedachten Multiplikatorenrolle bei der Ausbildung von Schülern und Kollegen eher zaghaft gegenüber.

Die Idee der Mediation hat es insgesamt schwer, als eigenständige pädagogische Maßnahme Eingang in das aktuelle Konfliktlösungsgeschehen der Schulen zu finden. Die traditionellen Erziehungs- und Ordnungsmaßnahmen scheinen nicht nur vertrauter und bewährter, sondern auch besser in die Organisation Schule zu passen. Konflikte nicht als Störung, sondern als pädagogische Chance zu betrachten, erfordert ein Umdenken im Schulalltag.

5.2.1 Mediation als Alternative zum Ordnungsmaßnahmeverfahren

Mediation kann in konkreten Konfliktfällen eine alternative Intervention anstelle der herkömmlichen Sanktionen darstellen. Die Auswertung von 86 Gewaltvorkommnissen, die mit der Androhung des Ausschlusses aus der Schule bzw. dem Ausschluss aus der Schule geahndet worden waren, hat gezeigt, dass zumindest in 22 Fällen ein Mediationsverfahren in Betracht gekommen wäre.[10] Es handelte sich um klar abgrenzbare Einzelkonflikte zwischen Schülern, der betroffene Schüler war mit dieser Tat erstmalig negativ in Erscheinung getreten und zeigte auch ansonsten keine längeren Verhaltensauffälligkeiten. Zudem hätte auch in den Fällen, in denen ein Schüler zwar generell auffällig war, ein konkreter einzelner Konflikt jedoch den Anlass für die Ordnungsmaßnahme bot, Mediation zumindest in Betracht gezogen werden können. Es fanden sich aber bei den 86 Vorfällen nur zwei Hinweise, dass überhaupt eine gütliche Einigung zwischen den Konfliktparteien versucht worden war.

Dabei kann das Mediationsverfahren gegenüber dem Ordnungsmaßnahmeverfahren nicht nur für die **Schüler**, sondern auch für die **Schule Vorteile entwickeln**. Die Konfliktparteien können gemeinsam an einen Tisch gebracht werden. Sie haben die Gelegenheit, ihre Standpunkte darzulegen und ihre Gefühle auszutauschen sowie das Geschehene aufzuarbeiten und den hinter der Auseinandersetzung stehenden Konflikt aufzuhellen. Eine Aufteilung der Konfliktparteien in »Täter« und »Opfer«, was bei Streitigkeiten zwischen Schülern zudem oftmals schwierig ist, wird vermieden. Aufgrund der Interessen der Beteiligten und nicht durch die Machtentscheidung einer Autoritätsperson können gemeinsam, von beiden Konfliktparteien akzeptierte, Lösungen gefunden werden. Derartige Vereinbarungen erweisen sich als tragfähig für die Zukunft und tragen dazu bei, neue Konflikte zu ver-

---

10 Siehe Kapitel 4.3.2 dieses Buches.

meiden. Der pädagogische Nutzen des Verfahrens liegt darin, dass die Schüler lernen, die Verantwortung für ihr Handeln zu tragen und ihre Kompetenz zu (gewaltfreien) Konfliklösungen zu erweitern. Schüler erfahren ihre Schule im Mediationsverfahren als helfende Institution und nicht als strafende Instanz. Die Schule kann dadurch deutlich zeigen, dass sie die Anliegen ihrer Schüler, auch deren Konflikte, ernst nimmt und Gewalt als Methode der Konfliktregelung ablehnt. Schule reagiert nicht mit Gewalt auf Gewalt.

Beim Ordnungsmaßnahmeverfahren wird der betroffene Schüler, im Gegensatz zu seiner Rolle als Konfliktpartie im Mediationsverfahren, als »Gewalttäter« oder »Störer« identifiziert. Dies führt zur Etikettierung und Ausgrenzung des Schülers; seine Integration in die Schulgemeinschaft wird erschwert. Soweit der Schüler überhaupt an der Klassenkonferenz, in der die Sanktion über ihn beschlossen wird, teilnimmt, sieht er sich der Übermacht der Lehrkräfte gegenüber und wird in die Position eines »Angeklagten« gedrängt. Beobachtungen haben vor Augen geführt, dass insbesondere jüngere Schüler, die oftmals ohne Erziehungsberechtigte zu Klassenkonferenzen geladen werden, unter diesen Umständen nicht in der Lage sind, ihre Rechte zu verteidigen. In den Ordnungsmaßnahmeverfahren kommt es in der Regel weder zu einer Klärung des Sachverhalts, noch zu einer Erhellung des Konflikts. Oftmals scheint eine Entscheidung seitens der Schule bereits getroffen worden zu sein. Die Situation des »Opfers« und anderer Beteiligter bleibt unberücksichtigt. Ein Interessenausgleich zwischen den Konfliktparteien findet nicht statt. Der betroffene Schüler ist, falls er sich von diesem Verfahren beeindrucken lässt, allenfalls »geschockt«. Positive Fähigkeiten zur Verantwortungsübernahme für das eigene Handeln und zur Konfliktbearbeitung im Sinne von Schadenswiedergutmachung werden nicht gefördert. Zweifel am pädagogischen Nutzen von Ordnungsmaßnahmen erweckt die Tatsache, dass über die Hälfte der 86 Schüler, die wegen gewalttätigen Auseinandersetzungen an einem Ordnungsmaßnahmeverfahren teilnahmen, bereits entsprechende Sanktionen in der Vergangenheit erfahren hatten.[11]

Mediation kann somit als Intervention im Einzelfall, soweit der Konflikt für das Mediationsverfahren geeignet erscheint, eine Alternative zu den herkömmlichen Sanktionen des Schulordnungsrechts darstellen, wenn die Schule Interesse daran hat, den Schüler in der Schulgemeinschaft halten zu wollen und zu können.

Ein nicht unwesentlicher Unterschied des Verfahrens der Schulmediation zum Schulordnungsverfahren besteht jedoch darin, dass es gesetzlich nicht

---

11 Siehe Kapitel 4.3.5 dieses Buches.

geregelt ist. Während die Voraussetzungen für den Erlass von Ordnungs-maßnahmen und die Rechte der Beteiligten durch die Schulgesetze und die Vorschriften des öffentlichen Rechts klar bestimmt werden, fehlt es an spe-ziellen rechtlichen Regelungen für die Schulmediation. Im Einzelfall kann zwar auf die Vorschriften aus anderen Rechtsgebieten verwiesen werden, was jedoch in der Schulpraxis zu Unsicherheiten führt, z.B. bei Fragen des Datenschutzes oder der Schweigepflicht von Mediatoren. Es gibt weder einen rechtlich begründeten Anspruch auf Mediation, noch Rechtsmittel gegen die dort getroffenen Vereinbarungen. Das Mediationsverfahren un-terliegt weitgehend dem Gestaltungsrecht der jeweiligen Schule, und die Entscheidungen der Teilnehmer führen allenfalls zu zivilrechtlichen An-sprüchen.

Die Diskussion, ob Mediation als Teil des Ordnungsmaßnahmeverfahrens in die Schulgesetze aufgenommen werden sollte, muss jedoch kritisch ge-führt werden. Einerseits würde dadurch die Stellung der Mediation als Ver-fahren der konstruktiven Konfliktregelung gestärkt, andererseits ging die Idee der Schulmediation als Alternative zu den herkömmlichen Sanktionen verloren. Mediation könnte sich dann leicht zum Vorverfahren des schul-rechtlichen Ordnungsmaßnahmeverfahrens entwickeln und damit ihre be-sondere Qualität einbüßen. Die wesentlichen Voraussetzungen für eine er-folgreiche Mediation, wie etwa die Neutralität und Allparteilichkeit der Mediatoren oder die Freiwilligkeit der Teilnahme am Verfahren, könnten unter diesen Bedingungen nur schwerlich eingehalten werden.

5.2.2 Mediation als eigenständige pädagogische Maßnahme

Mediation als Präventionsmaßnahme verfolgt in der Regel einen anderen Zweck als die Schulordnungsmaßnahmen, die allerdings auch spezial- und generalpräventive Aspekte beinhalten können. Die Idee der Mediation, die Konfliktkultur in einer Schule insgesamt zu verändern, möchte jedoch be-reits die Entstehung gewalttätiger Auseinandersetzungen verhindern oder zumindest einen gewaltlosen Umgang mit Konflikten bewirken. Schulrecht-liche Ordnungsmaßnahmen würden dann langfristig nur noch bei den Vor-fällen eine Rolle spielen, auf die Mediation keinen Einfluss haben kann.

In diesem Sinne ist Peer-Mediation eine pädagogische Maßnahme, die so-wohl interventive als auch präventive Elemente enthält. Im konkreten Kon-fliktfall soll das Verfahren bei den Peer-Mediatoren die Anwendung her-kömmlicher Sanktionen ersetzen. Schüler, die als Konfliktparteien an einer Mediation teilnehmen, sollen lernen, Konflikte eigenverantwortlich zu lösen. Die Erfahrungen zeigen, dass die in der Peer-Mediation getroffenen Vereinbarungen überwiegend eingehalten werden. Die Schüler, die ein Mediationstraining mitgemacht haben oder als Peer-Mediatoren tätig werden, üben sich in der gewaltfreien Bearbeitung von Konflikten und erhöhen damit ihre Konfliktlösungskompetenz. Dabei fällt auf, dass oftmals Schüler, die seitens der Schule als »Problemschüler« bezeichnet werden, besondere Fähigkeiten auf dem Gebiet der Konfliktschlichtung entwickeln.

Ziel der Peer-Mediation ist es langfristig in der Schülerschaft einen anderen Umgang mit den Mitschülern und ihren Problemen zu bewirken, wobei die ausgebildeten Schüler als Multiplikatoren wirken können. Voraussetzungen für die Peer-Mediation sind aber die Bereitschaft der Schule, Schüler ihre (auch schwerwiegenden) Konflikte selbst bearbeiten zu lassen, und der Mut der Lehrerschaft, einen Teil ihrer Macht und Entscheidungsbefugnisse abzutreten. Hier lassen sich in der Schulpraxis vielfach noch Widerstände bei Schulleitern und Lehrern feststellen, Schülern ohne Kontrolle durch die schulischen Hierarchieebenen die eigene Verantwortung für ihr Handeln zu übertragen.

5.3 Zusammenfassung

Schulen können auf Konflikte mit den Erziehungs- und Ordnungsmaßnahmen des Schulrechts oder mit Methoden konstruktiver Konfliktbearbeitung reagieren. Schulmediation steht zwischen Recht und Pädagogik. Einerseits soll sie Schülern den gewaltfreien selbstverantworteten Umgang mit Konflikten lehren, andererseits gerät sie in Konkurrenz mit den herkömmlichen schulrechtlichen Sanktionen. Obwohl die Wirkung von Ordnungsmaßnahmen in der Schulpraxis eher kritisch gesehen wird, scheinen diese traditionellen Reaktionen auf Probleme mit Schülern besser in die Schulkonzepte zu passen und finden deshalb weiterhin Anwendung. Mediation dient dann in der Schule lediglich als Ergänzung der Ordnungsmaßnahmeverfahren.

Zur Alternative der herkömmlichen Sanktionen kann Mediation nur werden, wenn sie im konkreten Konfliktfall anstelle von Ordnungsmaßnahmen in Betracht gezogen wird. Dabei liegt es letztlich im Verantwortungsbereich der Schulen, ob sie rechtlich geregelte Sanktionen, die einer Überprüfung durch Dritte standhalten können, präferieren oder neue Wege der konstruktiven Konfliktbearbeitung, oftmals mit ungewissem Ausgang, beschreiten. Die Schulmediation selbst muss sich einen eigenständigen Platz sowohl im Ordnungs- und Rechtsgefüge als auch im pädagogischen Konzept einer Schule suchen. Sie sollte immer, unabhängig davon, ob sie als Intervention im konkreten Konfliktfall oder als Baustein eines Präventionskonzepts betrachtet wird, im Zusammenhang mit schulrechtlichen Sanktionen bewertet werden. Je eher Konflikte einverständlich und gewaltfrei gelöst werden können, desto weniger Ordnungsmaßnahmen müssen zum

Einsatz kommen. Von entsprechenden Erfahrungen berichten Schulen, die mit der festen Etablierung von Mediation zunehmend weniger Ordnungsmaßnahmeverfahren durchführen. Diese Schulen räumen auch ein, dass sie vor Einführung der Mediation zu oft und zu schnell mit schulrechtlichen Sanktionen reagiert hätten.

Mediation und Schulordnungsrecht geraten jedoch in der Praxis beim Umgang mit verhaltensauffälligen Schülern an ihre Grenzen. Diese Schüler, oftmals nur einzelne in einer Klasse, stellen nach Angaben der Schulen nicht nur ein besonderes Problem dar, sondern haben auch meistens bereits zahlreiche Sanktionen wirkungslos erhalten. Hier werden Ordnungsmaßnahmen in erster Linie zur Durchsetzung des ungestörten Unterrichts- und Schulbetriebs und zum Schutz von Mitschülern und Lehrern angewandt. Mediation scheint hier keine entsprechend unmittelbaren Funktionen erfüllen zu können. Langfristig werden jedoch andere Wege beschritten werden müssen, die weitgehend nicht im alleinigen Zuständigkeitsbereich der Schule liegen.

6. Möglichkeiten und Grenzen der Schulmediation

Modelle der Schulmediation gibt es inzwischen in allen Bundesländern. Die Befürworter der Mediation in der Schule weisen auf das große Potential dieses pädagogischen Ansatzes als spezielle Methode konstruktiver Konfliktbearbeitung, als Gewaltprävention, als Intervention im Konfliktfall, als Basis einer neuartigen Konfliktkultur oder als Ausdruck einer Lebenshaltung hin.

In den Medien finden sich immer öfters Reportagen über das Konfliktmanagement an Schulen. Schulpraktiker berichten von den »Erfolgen« ihrer Projekte gegen Gewalt. Die Euphorie bezieht sich insbesondere auf Programme der Peer-Mediation und die ungeahnten Fähigkeiten der Schüler, ihre Konflikte selbst zu lösen. Offene Kritik an Schulmediation wird selten geübt. Es wird allenfalls darauf hingewiesen, dass Mediation nur ein neuer Name für alt bekannte Methoden, z.B. des sozial-emotionalen Lernens, darstelle.[1]

Von gescheiterten Mediationsversuchen an Schulen erfährt man nur am Rande informeller Gespräche. Die wenigen (Selbst-)evaluationen bestehender Projekte kommen zu überwiegend positiven Ergebnissen. Mangels wissenschaftlicher Forschung ist vorläufig jedoch weitgehend offen, was Mediation in der Schule wirklich bewirkt, welche Veränderungen eventuell auch mit anderen pädagogischen Ansätzen hätten erreicht werden können und ob die berichteten Erfolge nicht vielleicht auf anderen Faktoren beruhen, z.B. auf einem veränderten Verhältnis von Lehrern zu Schülern oder zu den Kollegen, das zur Verbesserung des Schulklimas beiträgt.

Fachleute aus der Wissenschaft, Schulverwaltung und Schulpraxis diskutieren zunehmend die Möglichkeiten und Grenzen der Schulmediation. Dabei stehen Fragen der Qualitätssicherung und -kontrolle von Mediation ebenso im Mittelpunkt, wie Überlegungen, welche Rahmenbedingungen in Zukunft für die erfolgreiche Implementierung von Mediation in Schulen beachtet werden müssen.[2]

---

1 So z.B. Büttner 1998, S.2 ff.
2 Die folgenden Ausführungen beruhen u.a. auf den Ergebnissen der Expertenrunde zum Thema »Gewalt an Schulen – Möglichkeiten und Grenzen der Schulmediation«, siehe auch Simsa/Schubarth 2001.

6.1 Möglichkeiten der Schulmediation

Mediation in der Schulpraxis eröffnet neue Kommunikations- und Interaktionswege. Die sozialen Kompetenzen aller Betroffenen werden erweitert. Lehrer können Verantwortung abgeben. Schüler erhalten eigene Entscheidungsbefugnisse. Im Mediationstraining werden prosoziale Verhaltensweisen eingeübt. Schüler lernen, Konflikte alternativ, d.h. aggressions- und gewaltlos, zu lösen und vorurteilsfreie Beziehungen zu ihren Mitschülern aufzubauen. Die Förderung sozialer Schlüsselkompetenzen, wie etwa die Fähigkeiten zur Empathie und Perspektivenübernahme sowie zur Teamarbeit, können einen wichtigen Beitrag zur Gewaltprävention leisten.

Schüler dürfen als Peer-Mediatoren ihre Interessen selbständig im Schulalltag wahrnehmen. Von der ihnen üblicherweise zugeschriebenen Rolle der Problemverursacher wechseln sie in die Funktion der Konfliktlöser. Lehrer entdecken, oftmals erst im Rahmen eines Mediationsprojekts, dass Schüler mehr leisten können als sie ihnen zutrauen.

Mediation fördert eine demokratische Streitkultur, in der verschiedene Standpunkte akzeptiert und unterschiedliche Interessen offengelegt werden können. Schuldzuweisungen, die normativ legitimierten Machtentscheidungen zugrundeliegen, spielen im Mediationsverfahren keine Rolle. Erfahrungen mit Mediation als nicht administrativer Intervention bei Konflikten lassen schulrechtliche Ordnungsmaßnahmen, deren spezial- und generalpräventive Wirkung auch in der Schulpraxis angezweifelt wird, weitgehend obsolet erscheinen.

Die Philosophie der Mediation kann, wenn sie in einer Schule auf allen Ebenen anerkannt, wird, zu einer positiven Atmosphäre und zu einer Verbesserung des Schulklimas beitragen. Das Leben in der Schulgemeinschaft gestaltet sich »stressfreier«, und der Schulalltag stellt sich für Lehrer wie Schüler psychisch und physisch weniger belastend dar. Die Anerkennung der Schüler als Schulmitglieder mit eigenen Rechten und Pflichten und die Einräumung selbständiger Partizipationsmöglichkeiten im schulischen Alltag sind wesentliche Aspekte der Demokratisierung und Humanisierung der Schule. Mediation kann dazu einen politischen und gesellschaftlichen Beitrag leisten.

6.2 Grenzen der Schulmediation

Die Idee der Mediation wird im Schulalltag oftmals als Fremdkörper empfunden. Sie stößt auf die offene oder versteckte Ablehnung bei Schülern und Lehrern. Begeisterten Mediationsanhängern gelingt es meistens nicht, eine breite Akzeptanz für das Vorhaben in der Schule herzustellen, da sie ihre Vorstellungen zu schnell umsetzen wollen und dabei vergessen, die kritischen Kollegen in den Meinungsbildungsprozess einzubeziehen. Indifferente oder ablehnende Kollegen können jedoch die Mediationsbemühungen konterkarieren, indem sie jegliche Unterstützung bei der Umsetzung verweigern oder die entsprechenden Angebot nicht wahrnehmen (lassen). Es kommt zu einer Spaltung des Lehrerkollegiums in Mediationsteilnehmer und Nicht-Teilnehmer.

Die Umsetzung des in der Mediationsausbildung Gelernten ist für viele Lehrer schwierig. Es kommt zu Rollenkonflikten, neben der Funktion des Lehrenden und Bewertenden die des allparteilichen Vermittlers einzunehmen. Lehrer müssen lernen, einen Teil ihrer Verantwortung zu delegieren und Macht- bzw. Kontrollbefugnisse an Schüler abzutreten. Oftmals sind aber auch die Ausbildung in konstruktiver Konfliktbearbeitung oder das Verständnis für das Konzept der Mediation nicht fundiert genug, um die Haltung der Mediation in der Praxis vorzuleben. »Unsichere« Lehrkräfte sind trotz Mediationstraining oftmals nicht in der Lage, die Kollegen durch eine gute Arbeit von dem Sinn der Mediation zu überzeugen.

Grenzen der Schulmediation können sich in konkreten Konfliktfällen, die nach dem Verständnis der Mediation nicht vermittelbar sind oder die im schulischen Kontext andere Maßnahmen erfordern, ergeben. Mediation kann nur ein Baustein, aber kein Allheilmittel gegen Gewalt in der Schule darstellen.

Unüberwindbare Schranken auf dem Weg zur erfolgreichen Implementation von Mediation ergeben sich jedoch aus der verweigerten Akzeptanz und Unterstützung in der Schule, insbesondere durch die Schulleitung und das Lehrerkollegium, sowie durch die fehlende Einbindung in das pädagogische Gesamtkonzept der Schule.

6.3 Qualität und Erfolg von Schulmediation

Die Diskussion der Möglichkeiten und Grenzen von Schulmediation zeigt, dass der Erfolg von Mediationsprojekten von der Qualität des Angebots abhängt. Aus den bisherigen Erfahrungen mit Mediation in der Schulpraxis lässt sich schließen, dass einerseits bei der Ausbildung, andererseits beim System Schule angesetzt werden muss.

Mediation sollte in das Gesamtkonzept einer Schule eingebettet sein. Als Bestandteil der Schulentwicklung kann Mediation bei der Errichtung klarer, transparenter Strukturen im Unterricht, in der Organisation und in der Personalpolitik einer Schule eine Rolle spielen. Ziel ist eine »gute« Schule[3] mit einer humanen Gestaltung des Schullebens. Mediationsprojekte können jedoch nur erfolgreich sein, wenn sie die Unterstützung der gesamten Schule genießen.

Die Schulleitung muss aktiv hinter dem Projekt stehen und ausreichend Zeit und Raum für dessen Umsetzung einräumen. Ausdauer und Geduld sind aufzubringen, da es sich bei der Etablierung einer neuen Konfliktkultur um langfristige Prozesse handelt, die ein Umdenken bei allen Beteiligten erfordern. Die Qualität der Mediationsprogramme hängt weitgehend vom Verhalten der Lehrer gegenüber den Schülern ab. Lehrkräfte sollten Peer-Mediation mit Respekt und Achtung begegnen und die Peer-Mediatoren realitätsgerecht unterstützen und verantwortungsvoll begleiten. Dazu müssen sie bereit sein, Verantwortung zu delegieren und Macht abzugeben. Lehrern, die sich besonders in der Mediation engagieren, z.B. durch die Ausbildung und Betreuung von Peer-Mediatoren, sollten aber auch entsprechende Entlastungen gewährt werden.

Die Qualität von Mediation in der Schuler hängt nicht zuletzt von der Ausbildung der Mediatoren und der Mediationstrainer ab. Bestimmte Bausteine sollten als Grundlagen des Kompetenztrainings verbindlich sein. Professionalisierung und Standardisierung werden gefordert. Insbesondere die Ausbildung der Peer-Mediatoren sollte sorgfältig durch entsprechend qualifizierte schulexterne und -interne Ausbilder erfolgen. Peer-Mediatoren müssen bei ihrer Arbeit von Lehrern, die selbst Schulmediatoren sein sollten, begleitet werden, und die Supervision aller Beteiligten ist anzustreben. Peer-Mediatoren dürfen neben ihrer Arbeit in der Peer-Mediation nicht mit weiteren Funktionen im Schulalltag, auf keinen Fall jedoch mit Ordnungsaufgaben, überfrachtet werden. Mediation kann in der Schule nur erfolgreich sein, wenn ihr ideell und tatsächlich ausreichend Raum eingeräumt wird. Fachleute sind sich einig, dass Peer-Mediation, die isoliert von den schulischen Rahmenbedingungen stattfindet und lediglich auf der Initiative einzelner Lehrkräfte beruht, langfristig Überlebensprobleme hat.

Die Implementation von Mediation in der Schule verläuft in Phasen, für die genügend Zeit zur Verfügung gestellt werden muss. Wichtig ist die Öffentlichkeitsarbeit und die Information der Eltern. Die Schule sollte sich nach außen öffnen und eine Kooperation mit anderen Institutionen der Jugendarbeit anstreben. Nur in der Vernetzung von inner- und außerschulischen Aktivitäten liegt die erforderliche Qualitätssicherung und -kontrolle.

---

3 Siehe Schubarth in: Simsa/Schubarth 2001.

6.4 Schulmediation und Öffnung der Schule

Mediation in der Schule hat Grenzen. Konstruktive Konfliktbearbeitung mit Schülern kann vielfach nur in Zusammenarbeit mit außerschulischen Einrichtungen, die ebenfalls erzieherische Arbeit mit Jugendlichen leisten, erfolgreich sein. Dies gilt insbesondere für die Aspekte der Gewaltprävention, Maßnahmen der Jugendhilfe und die Sanktionsmöglichkeiten des Jugendstrafrechts.

6.4.1 Mediation als Gewaltprävention

Im Zusammenhang mit dem Thema »Gewalt an Schulen« wird Mediation als Gewaltprävention diskutiert. Modelle der Streitschlichtung mit Schülern und Lehrern sollen nicht nur das Entstehen von gewalttätigen Auseinandersetzungen verhindern, sondern auch die gewaltlose Lösung von Konflikten unterstützen. Die Grenzen zwischen Prävention und Intervention sind allerdings nicht immer klar zu ziehen: In der Sozialen Arbeit umfasst der Begriff »Prävention« normalerweise vorbeugende Aktivitäten, während Eingriffe gegen bereits vorhandene Störungen als Intervention bezeichnet werden. Für die Institution Schule erscheint es zweckmäßig, den Ansatzpunkt der jeweiligen Maßnahme zu betrachten. »Strukturbezogene Angebote«, die den Lebensraum Schule und die Partizipationsmöglichkeiten von Schülern und Lehrern so gestalten, dass ein konfliktfreier Umgang in der Schulgemeinschaft ermöglicht wird, bedeuten Prävention. Interventionen hingegen stellen die »personenbezogenen sozialen Hilfen« dar, die über die Vermittlung entsprechender Kompetenz bei Schülern und Lehrern neue Wege der Konfliktbearbeitung eröffnen.[4] Mediation kann sowohl Prävention als auch Intervention bezwecken. Die Schulen mit Mediationsprojekten haben als Ziele ihrer Programme einerseits die Verbesserung der Konfliktkultur an der gesamten Schule, andererseits die Erhöhung der Konfliktlösungsfähigkeiten bei Schülern und Lehrern angegeben.[5] Der Aspekt der Gewaltprävention wird allerdings häufig ausdrücklich genannt.

Der Begriff »Gewaltprävention«, der in den Medien und in der Öffentlichkeit schlagwortartig benützt wird, verbirgt verschiedene Ansätze und Konzepte. Je nach wissenschaftlicher Disziplin werden nicht nur die Ursachen von Gewalt, sondern auch Fragen der Gewaltprävention unterschiedlich diskutiert. So können etwa Pädagogen andere Programme als Kriminologen für präventiv wirksam erachten. In der Schulpraxis gehören die unter-

---

4 Vgl. Böllert zum Stichwort »Prävention« in Kreft/Mielenz 1996, S.441.
5 Siehe Kapitel 3.1.2.

schiedlichsten Projekte, vom Selbstbehauptungstraining für Mädchen bis hin zum Street-Ball für Jungen, zum Verständnis von Gewaltprävention. Das liegt zum einen an einer fehlenden einheitlichen Definition des Begriffs, zum anderen an einer eher vernachlässigten Forschung zur Wirksamkeit von Präventionsmodellen im Schulbereich. In der Fachliteratur finden sich in erster Linie Dokumentationen und Darstellungen einzelner Programme in der Praxis. Vielfach werden die Ergebnisse, die meistens im Rahmen der Selbstevaluation gewonnen wurden, auf der Ebene von Plausibilitätsaussagen als Handlungsanweisungen dargeboten. Es fehlen weitgehend theoriegeleitete und empirisch valide Untersuchungen zur Gewaltprävention an Schulen. Dies gilt insbesondere für die Schulmediation, die bisher weder eine systematische Erfassung der verschiedenen Modelle, noch einen inhaltlichen Vergleich der unterschiedlichen Programme verzeichnen kann. Evaluationsstudien mit einer langfristigen wissenschaftlichen Begleitung von Mediationsprojekten zur Messung der Effizienz der jeweiligen Ansätze gibt es zurzeit nicht.

Die Frage »Mediation als Gewaltprävention?« kann deshalb nur indirekt beantwortet werden, indem die Ergebnisse aus anderen Studien zur Gewaltprävention, die auf einige Prinzipien der Wirksamkeit von Präventionsmaßnahmen hinweisen, herangezogen werden. Als wichtige Aspekte einer erfolgversprechenden Gewaltprävention an Schulen werden u.a. eine gute Lehrer-Schüler-Beziehung, Möglichkeiten des sozialen Lernens, ein anerkanntes Werte- und Normensystem, die Vermittlung positiver Leistungs- und Selbstkonzepte sowie der Aufbau sozialer Identität aufgezählt.[6] Es erscheint plausibel, dass sich Schulmediation an diesen Maßstäben messen lassen muss, wenn sie präventiv wirken soll.

Die Grundgedanken der Mediation entsprechen weitgehend diesen Anforderungen. Voraussetzung für die konstruktive Konfliktbearbeitung in der Schule ist eine offene und gleichberechtigte Interaktion und Kommunikation zwischen Schülern und Lehrern. Die Schule muss die Schüler und ihre Probleme ernst nehmen und sie an den für sie wichtigen Entscheidungen teilnehmen lassen. Das Mediationstraining soll Fähigkeiten zur Toleranz, Akzeptanz, Kooperation und Teamarbeit vermitteln. Schüler lernen in der Bearbeitung der eigenen Konflikte mit ihren Gefühlen und denen anderer sorgfältig umzugehen. Sie erfahren die Möglichkeiten der Perspektivenübernahme und einer gemeinsamen gewaltlosen Erarbeitung von Konfliktlösungen. Langfristig sollen Schüler die Fähigkeiten erwerben, mit Frustrationen und Ärgernissen konstruktiv umzugehen.

---

6 Vgl. ausführlich hierzu bei Schubarth 2000, S.164-165.

Im Rahmen der Mediation können Schüler, die ansonsten schwache Leistungen im schulischen Sinne aufweisen, besondere Kompetenzen zeigen oder erwerben, die zu einer Stärkung des Selbstwertgefühls führen. Die Entscheidung der Schule für konstruktive Konfliktbearbeitung und gegen Gewalt sollte Basis für ein eindeutiges Normensystem sein, das klare Regeln des Zusammenlebens in der Schule und bestimmte Verhaltensanforderungen an die Schulangehörigen definiert. Die Bedeutsamkeit gemeinsamer Normen spiegelt sich auch in den Regeln für den Ablauf des Mediationsgesprächs und in den Vereinbarungen zur Konfliktlösung. Nicht zuletzt fördern aber Mediationsprogramme den Teamgeist unter Lehrer und Schülern und erleichtern somit die Identifikation der Schulangehörigen mit ihrer Schule. Die Delegation von Verantwortung und Entscheidungsmacht an die Schüler durch die Peer-Mediation fördert deren Bindung an die Schule und die Schulgemeinschaft. Unter Beachtung dieser Aspekte kann Mediation, insbesondere als pädagogisches Konzept im Schulprogramm verankert, zur Gewaltprävention beitragen.[7]

Schulmediation ist kein Allheilmittel gegen Gewalt. Schulen mit Mediationsprojekten berichten weiterhin von Gewalttätigkeiten, auch wenn die Atmosphäre insgesamt entspannter und stressfreier empfunden wird.[8] Oftmals scheint die Einführung von Mediation in einer Schule zu einer Zunahme von Konflikten und neuen Auseinandersetzungen zu führen. Fachleute gehen davon aus, dass Mediationsprogramme langfristig – es werden drei bis fünf Jahre geschätzt – laufen müssen, bevor sie Erfolge im Sinn einer neuartigen Konfliktkultur zeigen können.

Mediation sollte deshalb in ein Netz verschiedener Aktivitäten eingebunden sein. Es kann sich dabei um andere Ansätze der Gewaltprävention, z.B. ein »Anti-Gewalt-Training«, oder um Unternehmungen, die das Gemeinschaftsgefühl stärken, z.B. ein gemeinsames Wochende außerhalb der Schule, handeln. Die bisherigen Erfahrungen mit Schulmediation haben gezeigt, dass ein Mediationsvorhaben als lediglich punktuelle Einzelmaßnahme in einer Schule oder als isolierte Aktion einzelner Lehrer bzw. Schüler nur eine geringe Chance hat, auf Dauer erfolgreich zu wirken.

Eine »gute« Schule, d.h. eine Schule mit entsprechendem Schulklima und Lehrer-Schüler-Verhältnis, die alle Beteiligten nach den demokratischen Regeln an Entscheidungsprozessen teilnehmen lässt, die Schüler ernst nimmt, integriert und nicht stigmatisiert oder etikettiert, kann eine wichtige Rolle bei der Gewaltprävention spielen. Zu diesem übereinstimmenden Ergebnis

---

7 Zum Zusammenhang von Peer-Mediation, Gewaltprävention und Schulentwicklung siehe Schubarth in: Simsa/Schubarth 2001.
8 Siehe Kapitel 3.1.3.

kommen die neueren Untersuchungen zur Gewalt an Schulen.[9] In diesem Umfeld kann dann auch Mediation einen Beitrag zur Vermeidung oder Bekämpfung von Gewalt leisten.

Schulmediation ist aber bei der Gewaltprävention dort weitgehend machtlos, wo die Gewalt auf außerschulische Einflüssen, z.B. im Elternhaus oder im sozialen Umfeld beruht oder in den Medien erzeugt wird. Hier muss sich die Schule nach außen öffnen und möglichst viele Personen von außerhalb der Schule in das Gewaltpräventionsprogramm einbinden.

6.4.2 Schule und Jugendhilfe

Schulmediation bedeutet Öffnung der Schulen. Das Mediationstraining erfordert eine Kooperation mit Einrichtungen der Jugendarbeit oder Lehrerfortbildung. Die Durchführung von Mediationsverfahren obliegt oftmals den Trägern der öffentlichen oder freien Jugendhilfe. Im Rahmen der Gewaltprävention arbeiten einzelne Schulen mit der Polizei zusammen. So beteiligen sich etwa in verschiedenen Städten Polizeibeamte an »Anti-Gewalt-Programmen« für Schulen. Teilweise kommt es auch zu gemeinsamen stadtteilbezogenen Vorhaben verschiedener Gruppen unter Beteiligung von Schulen, wie z.B. bei den Kommunalen Präventionsräten.[10]

Mediationsprojekte eröffnen Möglichkeiten der Zusammenarbeit zwischen Schule und Jugendhilfe. Letztere ist hierbei mit ihrer Aufgabe, »junge Menschen in ihrer individuellen und sozialen Entwicklung zu fördern«[11], wie es im Sozialgesetzbuch (SGB) VIII formuliert wird, gefragt. Jugendhilfe kann in Form von Jugendarbeit (§ 11 SGB VIII), Jugendsozialarbeit (§ 13 SGB VIII) oder als Hilfe zur Erziehung (§ 27 SGB VIII) tätig werden. Für die Träger der öffentlichen Jugendhilfe wird in § 81 Nr. 1 SGB VIII ausdrücklich gefordert, dass sie mit Schulen und Stellen der Schulverwaltung zusammenarbeiten. In den Schulgesetzen einiger Bundesländer finden sich ähnliche Vorschriften, die einen Kooperationsauftrag zwischen Schule und Jugendhilfe formulieren. So heißt es z.B. in § 63 Absatz 3 des Gesetzes über die Schulen im Land Brandenburg, dass die Schulleitung, wenn im Zusammenhang mit dem Fehlverhalten einer Schülerin oder eines Schülers Tatsachen bekannt werden, die darauf schließen lassen, dass das Wohl dieser Schülerin oder dieses Schülers ernsthaft gefährdet oder beeinträchtigt ist, das zuständige Jugendamt unterrichten werden soll. In § 1 Absatz 3 des Schulge-

---

9 Siehe z.B. Tillmann/Holler-Nowitzki/Holtappels/Meier/Popp 1999, insbesondere Kapitel 8: Perspektiven einer gewaltmindernden Pädagogik, S.297-325.
10 Siehe zu den Kooperationsformen der Schulen mit anderen Einrichtungen Kapitel 3.1.2.
11 Vgl. § 1 Absatz 3 Nr. 1 SGB VIII.

setzes für das Land Baden-Württemberg ist formuliert, dass die Schulen die Verantwortung der übrigen Träger der Erziehung und Bildung zu berücksichtigen haben.

Das Verhältnis von Schule als Institution mit Bildungs- und Erziehungsauftrag und Jugendhilfe als Erziehungsinstanz neben Schule und Familie ist seit den 70er Jahren immer wieder Anlass zu einer kontroversen Diskussion. Ein Problem bei der Zusammenarbeit wird in den unterschiedlichen Zielsetzungen beider Einrichtungen gesehen: Während die Schule Kinder und Jugendliche nach schulischen Leistungen aussortiere (Selektionsfunktion), vermittle die Jugendhilfe zwischen der Persönlichkeit des Schülers und den Anforderungen der Schule, gleiche Bildungschancen für alle durchzusetzen (Integrationsfunktion). Weitere Schwierigkeiten bei der Kooperation von Schule und Jugendhilfe bestünden in den unterschiedlichen Arbeitsmethoden und -zeiten sowie Gehaltsstufen und Hierarchieebenen. Schule arbeite innerhalb festgefügter struktureller Organisationsformen zu festen Arbeitszeiten mit bestimmten Lernmethoden und festen Rollenzuweisungen, wobei die Lernziele weitgehend fremdbestimmt seien. Die Teilnahme der Schüler am Unterricht erfolge wegen der Schulpflicht unfreiwillig. Jugendhilfe hingegen könne zeitlich und methodisch flexibel ein ganzheitliches und situationsgebundenes Lernen fördern. Es gäbe ein offenes Handlungsfeld, das sich durch Rollenvielfalt, Freiwilligkeit und ehrenamtliches Engagement auszeichne.[12]

Diese Einschätzungen tragen dazu bei, dass sich die Fachkräfte aus dem Schul- bzw. Jugendhilfebereich in der Praxis oftmals mit Unverständnis begegnen. Schulen versprechen sich von der Jugendhilfe bei Problemen mit Schülern ein schnelles und effektives Krisenmanagement, um den Unterrichts- und Schulbetrieb ungestört weiterführen zu können. Die Jugendhilfe hingegen möchte junge Menschen nicht in Schüler mit guten oder schlechten Leistungen einteilen, sondern fordert von den Schulen, die Schüler in ihrer gesamten Persönlichkeit und unter Berücksichtigung des familiären und sozialen Umfeldes zu würdigen.

Diese gegensätzlichen Erwartungen von Schule und Jugendhilfe können sich im Bereich der konstruktiven Konfliktbearbeitung produktiv ergänzen. Mediation, als Teil sozialen Lernens und als Ansatz konkreten Konfliktmanagements, ermöglicht es beiden Institutionen, im Rahmen ihres professionellen Selbstverständnisses eigenständige Aufgaben zu erfüllen. Lehrer und Sozialpädagogen bzw. Sozialarbeiter müssen sich jedoch ihres unterschiedlichen Problemzugangs bewusst werden und gemeinsame Vorgehensweisen

---

12 Siehe im Einzelnen die Ausführungen der Bundesarbeitsgemeinschaft der Landesjugendämter 1993, S.9 und 10 zur Kooperation von Schule und Jugendarbeit.

entwickeln, um diese Unterschiedlichkeiten fruchtbar zu verwerten. Das gilt insbesondere für den Bereich der Gewaltprävention, in dem Schule und Jugendhilfe einen wichtigen Beitrag leisten können, soweit sie sich ihrer Erziehungsaufgabe stellen und die nötige Kreativität bei Problemlösungen entwickeln.[13]

Schulsozialarbeit, als eigenständiges Angebot der Jugendhilfe innerhalb der Organisation der Schule, spielt ebenfalls ein bedeutsame Rolle bei der Durchführung konstruktiver Konfliktbearbeitung. Obwohl die Vor- und Nachteile der Schulsozialarbeit einer ständigen Diskussion unterliegen, können Schulsozialarbeiter mit entsprechenden Aktivitäten dazu beitragen, »auf die Schule bezogene Konflikte bei Schülern, Eltern und Lehrern sowie soziale Probleme und Spannungen vor allem von Kindern und Jugendlichen durch alternative Lern- und Erfahrungsangebote abzubauen«.[14] Soweit Schulsozialarbeit überhaupt stattfindet, gibt es in der Praxis erfolgversprechende Modelle, bei denen Schulsozialarbeiter Mediation in Schulen ein- und durchführen bzw. unterstützen.[15]

Im Bereich der Schulmediation scheint es, unter Berücksichtigung aller eventuell damit verbundenen Probleme, sinnvoll, dass Schulen mit anderen Institutionen, insbesondere mit den Trägern der Jugendhilfe, zusammenarbeiten. Dies erscheint vor allem deshalb geboten, damit dort, wo Mediation an ihre Grenzen stößt, z.B. bei ständig verhaltensauffälligen Schülern, die Maßnahmen des Kinder- und Jugendhilferechts eingesetzt werden können. Eine gute Kooperationsbasis zwischen Schule und Jugendhilfe kann hier eine wesentliche Voraussetzung für eine effektive und zügige Konfliktbehandlung darstellen. So gibt es in Frankfurt am Main seit 1991 ein weitgehend einzigartiges Projekt, das Zentrum für Erziehungshilfe, das in Kooperation von Schule und Jugendhilfe bei Verhaltensauffälligkeiten von Schülern Hilfsangebote für diese und ihre Familien koordiniert, um der Überweisung in eine Sonderschule vorzubeugen und den Verbleib in der Regelschule zu ermöglichen (Integration statt Selektion).

---

13 Siehe z.B. die Beiträge in den Loccumer Protokollen 10/96, Grimm 1997.

14 So die Definition von Schulsozialarbeit in: Landeswohlfahrtsverband Baden 1992, S.1; zum Thema siehe auch Rademacker in: Kalb/Petry/Sitte 1996.

15 So gibt es z.B. das Projekt des Magistrats der Stadt Dietzenbach – Sozial- und Jugendamt – »Sozialarbeit in der Schule«, das in 5 Schulen neben verschiedenen anderen Aktivitäten auch Streitschlichterprogramme umfasst, die von Schulsozialarbeitern initiiert wurden und ständig weiterentwickelt werden; siehe hierzu Menzer/Gilbert-Scherer 2001.

6.4.3 Schulmediation oder Täter-Opfer-Ausgleich

Bei Gewalttätigkeiten von Schülern können die Geschädigten oder deren Erziehungsberechtigte Anzeige erstatten. Soweit strafbare Handlungen vorliegen, kann ein Strafverfahren eingeleitet werden. Manchmal informieren auch die Schulen die Polizei, um die Schulgemeinschaft vor weiteren Gefährdungen zu schützen. Das Jugendstrafrecht eröffnet den betroffenen Schülern die Möglichkeit zu einem Täter-Opfer-Ausgleich. Dieser ist im Gegensatz zur Schulmediation gesetzlich geregelt. Mediation als Methode konstruktiver Konfliktbearbeitung ist hier in ein justizielles Verfahren eingebunden.

Der Täter-Opfer-Ausgleich für Jugendliche und, unter bestimmten Voraussetzungen, auch für Heranwachsende ist im Jugendgerichtsgesetz (JGG) geregelt.[16] Zum einen kann nach § 45 Absatz 2 Satz 2 JGG von der Strafverfolgung abgesehen werden, wenn sich der Jugendliche bemüht, einen Ausgleich mit dem Verletzten zu erreichen. Zum anderen kann im formlosen jugendrichterlichen Erziehungsverfahren nach § 45 Absatz 3 JGG die Weisung, sich um einen Täter-Opfer-Ausgleich zu bemühen, oder die Auflage zur Schadenswiedergutmachung nach § 15 JGG ausgesprochen werden und der Staatsanwalt von der weiteren Strafverfolgung absehen. Unter den Voraussetzungen des § 47 JGG ist eine Verfahrenseinstellung mit Zustimmung des Staatsanwalts auch noch im Hauptverfahren möglich, wenn diese mit der Weisung, sich um einen Ausgleich mit dem Verletzten zu bemühen, verbunden ist oder ein Täter-Opfer-Ausgleich durchgeführt bzw. in die Wege geleitet wurde. Nicht zuletzt besteht nach § 10 Absatz 1 Satz 3 Nr. 7 JGG die Möglichkeit, durch Urteil gegenüber dem Jugendlichen die Weisung auszusprechen, »sich zu bemühen, einen Ausgleich mit dem Verletzten zu erreichen (Täter-Opfer-Ausgleich)«.

Der Täter-Oper-Ausgleich trägt dem Erziehungsgedanken des Jugendstrafrechts Rechnung. Der Jugendliche soll die Verantwortung für seine Tat übernehmen und sich mit den Folgen seines Handelns auseinandersetzen. Das Verfahren des Täter-Opfer-Ausgleichs hat zum Ziel, soziale Lernprozesse zu ermöglichen, d.h. der Jugendliche soll Fähigkeiten zur Empathie, Perspektivenübernahme und zur gewaltfreien Konfliktregelung erwerben. Dem Opfer wird Gelegenheit gegeben, physische und psychische Verletzungen, die oftmals mit der Opferwerdung verbunden sind, zu verarbeiten. Der jugendliche Täter erhält die Möglichkeit zur Wiedergutmachung. Täter und Opfer sollen in der direkten Kommunikation, dem Ausgleichsgespräch, das

---

16 Ausführlich zur rechtlichen Seite des Täter-Opfer-Ausgleichs siehe insbesondere bei Brunner/Dölling 1996, § 10 Rdn. 12 ff. JGG, und bei Eisenberg 2000a, § 10 Rdn. 27 ff. JGG.

Tatgeschehen aufarbeiten. Der Täter-Opfer-Ausgleich soll damit einerseits den Ersatz materieller und immaterieller Schäden bezwecken, andererseits der Wahrung des Rechtsfriedens dienen.

Der Täter-Opfer-Ausgleich enthält wesentliche Aspekte, die auch das Verfahren der Schulmediation auszeichnen.[17] Eine besondere Voraussetzung ist aber die unzweifelhafte Feststellung des Tathergangs und der Schuld des Beschuldigten, da die Unschuldsvermutung ein unverzichtbares rechtsstaatliches Prinzip darstellt. Die Freiwilligkeit der Teilnahme ist beim Täter-Opfer-Ausgleich eine wichtige Bedingung, die von allen Verfahrensbeteiligten zu beachten ist, d.h. sowohl Täter als auch Opfer muss garantiert werden können, dass sie keinen Nachteil erleiden, wenn sie den Täter-Opfer-Ausgleich ablehnen.

Das Verfahren des Täter-Opfer-Ausgleichs läuft in der Regel in bestimmten Phasen ab. Die Staatsanwaltschaft weist einen geeigneten Fall einer Täter-Opfer-Ausgleichs-Einrichtung zu. Dies sind beim Täter-Opfer-Ausgleich für Jugendliche überwiegend die Jugendämter, die im Rahmen der Jugendgerichtshilfe tätig werden. Es gibt aber auch freie Träger, z.B. Vereine oder kirchliche Institutionen, die sich auf die Durchführung von Täter-Opfer-Ausgleichen spezialisiert haben.

Ein Mitarbeiter der Täter-Opfer-Einrichtung, der Vermittler oder Mediator, soll zunächst prüfen, ob der Fall für einen Täter-Opfer-Ausgleich geeignet ist, wobei es im Wesentlichen auf die Bereitschaft des Täters zum Schadensausgleich und auf die Situation sowie Interessen des Opfers ankommt. In getrennten Vorgesprächen mit Täter und Opfer kann geklärt werden, ob beim Zusammentreffen der Betroffenen die Möglichkeit zu einem Ausgleich besteht. Der Vermittler muss dazu den Sinn und Zweck des Täter-Opfer-Ausgleichs und die wesentlichen Verfahrensabläufe ebenso erklären, wie die Voraussetzungen für die Beteiligung am Ausgleichsgespräch und seine Rolle als Mediator. Bei jugendlichen Tätern sollte der Vermittler die Erziehungsberechtigten in die Vorgespräche einbeziehen, da er dann mit diesen besprechen kann, ob weitere Personen, z.B. ein Rechtsanwalt, an dem Verfahren beteiligt werden sollen. Teilweise wird in diesen Kontakten zwischen Vermittler und Täter bzw. Opfer bereits auf die Vorgeschichte und die Beziehung zwischen den Beteiligten eingegangen, und oftmals findet in dieser Phase ein Täter-Opfer-Ausgleich statt, der sich etwa in einer schriftlichen Entschuldigung oder einem Schadensersatz manifestiert. Das Ausgleichsgespräch mit Anwesenheit von Täter und Opfer, in dem nach Ansicht vieler Mediatoren der ursprüngliche Gedanke der Mediation verwirklicht wird,

---

17 Siehe Kapitel 2.3.

verläuft nach ähnlichen Regeln wie das Mediationsgespräch in der Schulmediation.[18]

Der Abschluss des Täter-Opfer-Ausgleichsverfahrens besteht jedoch darin, dass die Täter-Opfer-Ausgleichs-Einrichtung die Staatsanwaltschaft oder das Gericht über das Ergebnis bzw. einen Abbruch oder eine Ablehnung der Teilnahme unterrichtet. Das weitere Vorgehen liegt dann in den Händen der Justiz.

Der Täter-Opfer-Ausgleich ist konstruktive Konfliktbearbeitung im konkreten Konfliktfall. Im Gegensatz zur Schulmediation bleibt der Fall jedoch nicht im Verantwortungsbereich der Schule. Der Schüler wird vielmehr als »Täter« etikettiert und in das Strafverfolgungssystem involviert. Der Täter-Opfer-Ausgleich bedeutet Teilnahme an einem rechtsförmigen Verfahren. Polizei und Staatsanwaltschaft, eventuell auch das Jugendamt, lernen den Schüler namentlich kennen. Die Staatsanwaltschaft kann, trotz erfolgreichen Täter-Opfer-Ausgleichs, das Strafverfahren weiter betreiben. Stellt sie das Verfahren ein, so wird dies in das Erziehungsregister (§ 60 Absatz 1 Nr.7 Bundeszentralregistergesetz) eingetragen. Dieser Eintrag kann unter bestimmten rechtlichen Voraussetzungen bis zum 24. Lebensjahr anderen Behörden mitgeteilt werden. Die schulinterne Mediation, soweit sie nach den Tatumständen gerechtfertigt ist, erscheint nicht nur unter dem Aspekt des Aufbaus einer neuartigen Konfliktregelungskultur an der Schule, sondern auch als pädagogische Maßnahme, allen Beteiligten und den Mitschülern exemplarisch einen Weg zu gewaltfreier Konfliktlösung aufzuzeigen, geeigneter, den Schulfrieden zu erhalten.

Die Erfahrungen mit dem Täter-Opfer-Ausgleich bei Jugendlichen und Heranwachsenden, die in gewissem Umfang Anhaltspunkte für die Effektivität von Mediationsverfahren in der Schule darstellen könnten, werden überwiegend positiv beurteilt.[19] Bei drei Viertel der ausgewerteten Fälle aus der bundesweiten Täter-Opfer-Ausgleichsstatistik, bei denen die Beschuldigten Jugendliche und Heranwachsende waren, handelte es sich um Gewaltdelikte. Die Bereitschaft der Täter und Opfer zur Teilnahme an einem Täter-Opfer-Ausgleich war, auch bei Körperverletzungen, sehr hoch. In insgesamt mehr als drei Viertel der Ausgleichsversuche kam es zu einem Gespräch zwischen den Betroffenen. 88 Prozent der Täter-Opfer-Ausgleiche bei Gewaltdelikten führten zu einem erfolgreichen Abschluss, wobei die Vereinbarungen im Wesentlichen einen symbolischen Ausgleich (Entschuldigung), Schadensersatz oder Schmerzensgeld beinhalteten. Die Erfüllung der vereinbarten Leistungen konnte in fast allen Fällen festgestellt werden. Zur Zu-

---

18 Siehe Kapitel 2.3.1.
19 Hartmann/Stroezel in: Dölling u.a. 1998, S.149 bis 202.

friedenheit der Beteiligten mit dem Täter-Opfer-Ausgleich liegen bisher nur wenige wissenschaftliche Ergebnisse vor, die zwar insgesamt eine positive Bewertung erkennen lassen, aber auch auf nachträgliche Bedenken der Opfer hindeuten, zu entgegenkommend gewesen zu sein. Bei der Kritik am Täter-Opfer-Ausgleich wird deshalb auf die Schwächung der Rechtsstellung des Geschädigten verwiesen, teilweise aber auch auf den fehlenden Nachweis, dass durch den Täter-Opfer-Ausgleich bei dem (mutmaßlichen) Täter ein Unrechts- und Verantwortungsbewusstsein gefördert werde, das langfristig einen Rückfall vermeiden helfe.[20]

6.5 Zusammenfassung

Trotz des »Booms« der Schulmediation in den letzten Jahren im gesamten Bundesgebiet sind bisher viele Fragen offen geblieben, die letztendlich die Möglichkeiten und Grenzen der Schulmediation betreffen.

Die bisherigen Erfahrungen mit Mediation in der Schule zeigen, dass mit dieser Methode konstruktiver Konfliktbearbeitung nicht nur Konflikte im Einzelfall gelöst werden können, sondern auch ein Beitrag zu einer neuen Konfliktkultur in der Schule geleistet werden kann. Alle Berichte von Projekten der Schulmediation deuten jedoch darauf hin, dass Mediation nur unter bestimmten Rahmenbedingungen in der Lage ist, dies erfolgreich zu leisten. Dazu gehört zunächst eine sorgfältige und gute Ausbildung der Schulmediatoren durch professionelle Trainer, die sich mit dem sozialen System Schule auskennen. Unabdingbar ist ein umfassendes Gesamtkonzept zur Implementation des Mediationsgedankens in der Schule. Die Unterstützung der Schulleitung und des Lehrerkollegiums sind eine wichtige Voraussetzung für das Gelingen des Projekts. An die Etablierung von Peer-Mediation sollte erst gedacht werden, wenn durch das Mediationstraining von Schülern und Lehrern eine breite Basis für das Vorhaben in der Schule geschaffen wurde. Neben diesen notwendigen Voraussetzungen für ein Mediationsvorhaben sind ausreichend Raum, Zeit, Geld, Personal und Geduld für die Umsetzung des Projekts erforderlich. Aufbauend auf derartigen Grundlagen, kann Mediation in der Schule die Kompetenz der Beteiligten zu (gewaltfreien) Konfliktlösungen erhöhen und die Schulatmosphäre verbessern.

Fehlen entsprechende konzeptionelle Vorgaben bewirken Mediationsvorhaben eher das Gegenteil des Beabsichtigten; sie führen zu enttäuschten Er-

---

20 So etwa Eisenberg 2000b, § 30 Rdn. 17d.

wartungen bei allen Betroffenen und verbauen den Weg für zukünftige Ansätze konstruktiver Konfliktbearbeitung.

Die **Grenzen der Schulmediation** ergeben sich einerseits aus dem System Schule, andererseits aus den besonderen Konfliktsituationen. Auseinandersetzungen über Macht- oder Hierarchiefragen sind, ebenso wie Streitigkeiten über Normen oder Werte, der Mediation schwer zugänglich. Die Freiwilligkeit und Vertraulichkeit des Mediationsverfahrens, die das Fundament für haltbare konsensuale Konfliktlösungen bilden, werden im Schulalltag oftmals nicht garantiert. Zudem kommt es in der Schule zu Konflikten mit Schülern und Lehrern, auf die nur mit einem angemessenen Führungsstil der Schulleitung reagiert werden kann. Probleme mit Schülern, die auf besondere Verhaltensauffälligkeiten oder kriminelle Taten hindeuten, sind oftmals nur im Zusammenhang mit anderen Institutionen, insbesondere den Trägern der Jugendhilfe, zu lösen. Schulen müssen sich hier, auch im Rahmen von Mediation, öffnen und Kooperationen mit allen Personen und Einrichtungen suchen, die an Jugendarbeit interessiert sind. Das gilt besonders für die Gewaltprävention, zu der Mediation, wenn sie entsprechend vernetzt ist, einen Beitrag leisten kann.

7. Berichte aus der Praxis der Schulmediation

Handlungsanweisungen und theoretische Abhandlungen zur Schulmediation können nur idealtypische Anhaltspunkte für die Umsetzung von Mediation in der Schule liefern. Mediation in der Schulpraxis muss sich an den speziellen Gegebenheiten vor Ort orientieren. Das gilt sowohl für die Implementation von Mediation, als auch für die Organisation der Mediationsverfahren.

7.1 »Kampf um die Tischtennisplatte« – Beispiel eines Mediationsgesprächs

Es handelt sich um ein fiktiv aufgezeichnetes Mediationsgepräch mit Peer-Mediatoren. Der Konflikt und seine Lösung entsprechen aber vielen in der Praxis beobachteten Vorkommnissen.

In der Gesamtschule Sorgenfrei entstehen in den Pausen immer wieder Auseinandersetzungen zwischen Schülern um die Tischtennisplatte. An einem Freitagmorgen in der großen Pause sieht die Pausenaufsicht, Lehrer Aufmerksam, wie Schüler Groß aus der 9. Klasse Schüler Klein aus der 5. Klasse gegen die Wand des Schulgebäudes drängt und ihn mehrmals ohrfeigt. Der weitaus schmächtigere Klein wehrt sich mit Spucken und Treten gegen Groß. Einige Schüler aus den 5. und 9. Klassen bilden einen Halbkreis um die Kämpfenden und feuern sie an. Lehrer Aufmerksam trennt die beiden Schüler und schlägt ihnen vor, zu den Schülerstreitschlichtern zu gehen.

Im Mediationsraum der Schule, einem kleinen freundlich eingerichteten Zimmer im Untergeschoss der Schule, begrüßen Anne und Frank, das Schlichterteam des Freitags, die Schüler Groß und Klein. Anne und Frank haben im letzten Schuljahr mit anderen Schülern der 9. Klassen an einem Meditionstraining teilgenommen und arbeiten seit Anfang des 10. Schuljahres als Peer-Mediatoren. Sie stellen sich den Schülern Groß und Klein vor und drücken ihre Freude darüber aus, dass diese zu ihnen gekommen sind. Nachdem alle Beteiligten an einem quadratischen Tisch Platz genommen haben, erläutern Anne und Frank ihre Rolle als Mediatoren. Sie erklären, dass sie neutral sind und den Schülern Groß und Klein lediglich helfen wollen, eine Lösung für ihren Konflikt zu finden. Anschließend weisen sie darauf hin, dass alles im Mediationsraum Besprochene vertraulich behandelt wird und für das Mediationsgespräch bestimmte Regeln gelten, z.b. »sich nicht zu beleidigen« und »den anderen ausreden zu lassen«.

Groß und Klein stimmen diesen Verfahrensregeln zu und, da sie keine weiteren Fragen haben, meint Anne, dass einer von beiden mit der Schilderung des Geschehenen beginnen solle.

Schüler Klein fängt an: »Ich wollte in der Pause mit meinen Freunden Tischtennis spielen und die größeren Schüler haben gesagt, wir sollten abhauen, mit Kleinkindern würden sie nicht spielen. Da habe ich den Tischtennisball, der auf den Boden gefallen war, aufgehoben und in meine Hosentasche gesteckt. Groß hat sofort auf mich eingeschlagen, dabei wollte ich den Ball doch zurückgeben. Ich habe mich natürlich gewehrt.«

Schüler Groß schildert den Vorfall aus seiner Sicht: »Die Kleinen haben 'mal wieder genervt, sind im Weg 'rumgestanden und haben blöde Bemerkungen gemacht. Ich wollte den Tischtennisball nur wiederholen, damit wir weiterspielen konnten.«

Anne und Frank hören beiden Schülern aktiv zu und spiegeln das jeweils Gesagte in eigenen Worten wider. Auf entsprechendes Nachfragen und Zusammenfassen der Schilderungen wird die anfänglich aggressive Stimmung zwischen den Schülern Groß und Klein entspannter und beide berichten über weitere Ursachen des Konflikts.

Klein erzählt: »Die Großen sind immer so arrogant und tun so cool. Auch auf dem Schulweg und im Bus schubsen sie uns nur 'rum. Das ärgert mich.«

Groß erklärt: »Die Kleinen sind immer frech und unverschämt. Schüler Klein hat mich schon mehrmals vor meinen Freunden »Fettsack« genannt. Das muss ich mir nicht bieten lassen.«

Die Aufhellung des Konflikts, die auch zu einer direkten Kommunikation zwischen Groß und Klein führt, wobei sie von Anne und Frank allerdings mehrmals auf die Regel, sich nicht zu beleidigen, hingewiesen werden müssen, wird mit der Zusammenfassung der Standpunkte beider Schüler abgeschlossen. Anne und Frank fragen die Schüler Groß und Klein, wie sie sich jetzt fühlten, nachdem sie die Sichtweise des anderen gehört hätten.

Groß räumt ein: »Ich gebe ja zu, dass ich zu schnell ausgerastet bin. Das sollte ich in meinem Alter nicht tun. Ich hätte Klein nicht schlagen sollen, aber der geht mir immer auf die Nerven. Und dieses Mal war es einfach genug.«

Klein gibt zu: »Es stimmt schon, dass ich hässliche Sachen zu Groß gesagt habe. Das war nicht richtig. Er soll mich aber auch nicht schlagen. Dann trete ich ihn auch nicht.«

Groß ergänzt: »Schlagen ist keine Lösung für das Problem, das weiß ich.«

Da der Konflikt nach Ansicht aller Beteiligten ausreichend besprochen worden ist und die unterschiedlichen Sichtweisen und Interessen offengelegt wurden, bitten Anne und Frank die Schüler Groß und Klein Vorschläge zur Lösung des Konflikts auf Kärtchen zu schreiben. Dabei sollen sie sich von den Fragen »Was bin ich bereit zu tun?« und »Was erwarte ich von dem anderen?« leiten lassen. Groß und Klein lesen ihre Ideen vor und unrealistische Überlegungen, wie etwa »die Großen vom Schulhof zu verbannen« (Schüler Klein) bzw. »den Kleinen das Tischtennisspielen zu verbieten« (Schüler Groß), werden aussortiert. Es bleiben die Lösungsvorschläge übrig, auf die sich beide Schüler verständigen können: Die Schüler der 5. Klassen spielen in den kleinen Pausen und die Schüler der 9. Klassen in den großen Pausen Tischtennis, da sie unterschiedlich lange Wege zum Schulhof haben. Außerdem versichert Schüler Groß, dass er Klein nicht mehr schubsen oder schlagen werde, und Schüler Klein verspricht, Groß nicht mehr zu beleidigen.

Anne und Frank fixieren die Vereinbarungen schriftlich und alle Beteiligten unterschreiben sie. Die Schüler Groß und Klein geben sich die Hand. Die Peer-Mediatoren bedanken sich für das Kommen der Beiden und legen einen Termin in zehn Tagen fest, um die Einhaltung des Vereinbarten zu überprüfen.

Bei diesem Treffen, an dem neben Anne und Frank als Peer-Mediatoren auch wieder die Schüler Groß und Klein teilnehmen, wird festgestellt, dass die Vereinbarung nicht schlecht sei, aber an den unterschiedlichen Stundenplänen scheitere. Die Schüler einigen sich jetzt darauf, dass in Zusammenarbeit mit den Pausenaufsichten jede Woche ein Plan über die Einteilung der Schüler an der Tischtennisplatte erstellt werden solle. Außerdem teilen Groß und Klein mit, dass die Schüler der 5. und 9. Klassen bei der Schulleitung angeregt hätten, eine zweite Tischtennisplatte aufzustellen.

7.2 Die Einführung (Implementation) von Mediation an Schulen

Schulen gehen verschiedene Wege, Mediation in den Schulalltag zu integrieren. Am Beispiel der Albert-Einstein-Schule in Langen, der Schillerschule in Offenbach am Main und der Heinrich-Kraft-Schule in Frankfurt am Main soll gezeigt werden, wie unterschiedlich Konzepte der Schulmediation entstehen, geplant und umgesetzt werden. Alle drei Schulen gelangten jedoch langfristig, bedingt durch ihre Erfahrungen mit Mediation, zu einem »systemischen« Ansatz der Schulmediation, der die konstruktive Konfliktbearbeitung auf eine möglichst breite Basis in der Schulgemeinschaft stellt.

Das liegt unter anderem sicherlich auch daran, dass diese Schulen während bestimmter Abschnitte ihrer Mediationsprojekte vom Pädagogischen Institut Frankfurt am Main und (teilweise) vom Jugendbildungswerk der Stadt Offenbach unterstützt wurden.[1] Den Schule ist aber auch gemeinsam, dass sie sich für Kooperationen mit Vereinen, Verbänden und Einrichtungen der Jugendarbeit des Stadtteils geöffnet haben, sei es durch die Etablierung eines »runden Tisches«, durch gemeinsame Veranstaltungen oder durch gegenseitige Ausbildungs- und Hilfsangebote.

7.2.1 Die Albert-Einstein-Schule in Langen

In der Albert-Einstein-Schule in Langen, einer integrierten Gesamtschule mit Ganztagsangebot, wurde im April 1997 in der Schulkonferenz beschlossen, Peer-Mediation als einen zentralen Baustein sozialen Lernens ins Schulprogramm aufzunehmen.[2] Seitdem werden Schüler des 9. Jahrgangs, die Interesse an Mediation zeigen und sich freiwillig melden, über einen Zeitraum von neun Monaten in 80 Stunden zu Schülermediatoren ausgebildet. Das Training findet ganztägig mit Wechsel der Wochentage und an drei bis vier Wochenenden im Jugendzentrum der Stadt Langen (KOM,ma) statt. Die Schülermediatoren schließen sich im 10. Jahrgang zu Tandems zusammen und bieten, nach einem wochentlichen Dienstplan aufgeteilt, in den Pausen Mediation in einem eigens für diesen Zweck eingerichteten Raum an. Das jeweilige Mediationsteam des Schuljahres übernimmt zudem Tutorenaufgaben für Schüler der 5. Klassen in den ersten Wochen nach deren Eintritt in die Schule. Die Mediationsausbildung der Schüler wird von Lehrkräften der Schule durchgeführt, die anschließend als »Coaches« die Betreuung der Schülermediatoren übernehmen. Seit dem Schuljahr 1999/2000 werden Erfahrungen mit dem Eingangsprogramm für 5. und 6. Klassen gesammelt, für das Lehrkräfte speziell ausgebildet wurden. Zurzeit wird an einem Curriculum für das Sensibilisierungsprogramm der Klassen 7 und 8 und an einem Kursprogramm für das SV-Training gearbeitet. Zur Qualifizierung des gesamten Lehrerkollegiums wird ein Basistraining in Mediation angeboten, das auf großes Interesse eines Teils der Lehrkräfte stößt.[3]

---

1 Vgl. das Hessische Modellprojekt »Mediation und Schulprogramm« in Kapitel 2.5.2.
2 Vgl. den Bericht von Meeth in: Simsa/Schubarth 2001.
3 Zu den einzelnen Trainingseinheiten siehe Kapitel 2.5.2.

7.2.2 Die Schillerschule in Offenbach am Main

Die Schillerschule in Offenbach am Main, eine integrierte Gesamtschule mit Ganztagsangebot, entwickelt seit 1992 ein Präventionskonzept.[4] Ein wesentlicher Bestandteil ist ein Konfliktbearbeitungsprogramm, das seit 1994 in kontinuierlicher und enger Kooperation mit dem Jugendbildungswerk der Stadt Offenbach ausgebaut wurde. Alle Schüler des 5. Jahrgangs nehmen im Beisein der Klassenlehrer an dem Eingangsprogramm Mediation[5] teil, das meistens außerhalb der Schule in der Jugendbildungsstätte Dietzenbach durchgeführt werden konnte. Interessierte Schüler des 6. Jahrgangs werden zu einer Gruppe zusammengefasst, die auch im 7. Schuljahr weiter besteht. Diese Schüler erhalten eine intensive Ausbildung in Streitschlichtung und werden als Mediatoren im Beisein der Trainerin bei Konflikten in ihren Klassen tätig. Schüler des 8. bis 10. Jahrgangs, die eine spezielle Mediationsausbildung erhalten, stehen zur Lösung von klassenübergreifenden Konflikten als Peer-Mediatoren zur Verfügung. Hierzu gibt es eine spezielle Räumlichkeit in der Schule, in der zu festen Zeiten Mitglieder aus der Streitschlichtergruppe für die Besprechung von Konfliktfällen zur Verfügung stehen. Seit dem Schuljahr 1999/2000 wird das Trainingsprogramm mit allen 5. Klassen, das zum festen Bestandteil des Schulprogramms geworden ist, in eigener Regie mit Unterstützung von Schülern aus der Streitschlichtergruppe weitergeführt. Die Mediationsausbildung, die Betreuung der Streitschlichter und die Supervision wird schulintern organisiert und liegt inzwischen ganz in den Händen von Lehrkräften, die sich schwerpunktmäßig dafür qualifiziert haben.

7.2.3 Die Heinrich-Kraft-Schule in Frankfurt am Main

Die Heinrich-Kraft-Schule, eine kooperative Gesamtschule im Frankfurter Stadtteil Fechenheim, hat im Jahr 1998 beschlossen, Mediation in der Schule einzuführen und verband dieses Vorhaben mit verschiedenen Aktivitäten der Gewaltprävention.[6] Für alle Angehörige der Schule gab es zwei Projekttage zum Umgang mit Aggression und Gewalt im öffentlichen Raum und im schulischen Umfeld (Anti-Gewalt-Training), die von einem Polizeibeamten der Initiative »Schutz vor Kriminalität e.V.« aus Berlin geleitet wurden. Vom Jugendkoordinator der Polizei Frankfurt wurde zusammen mit einem Sozialpädagogen des Frankfurter Kinderbüros ein Selbstbehauptungstraining für Lehrer durchgeführt. Speziell für die Schüler der 5. Klassen, der 7. und 8. Haupt- und Realschulklassen sowie für Mitglieder der Schülerver-

---

4 Vgl. den Bericht von Findeisen in: Simsa/Schubarth 2001.
5 Siehe Kapitel 2.5.2.
6 Vgl. den Bericht von Gerbig/Fritsch in: Simsa/Schubarth 2001.

tretung aus allen Klassen gab es ein Training »Handlungskompetenz in Gewaltsituationen«, das vom Frankfurter Kinderbüro veranstaltet wurde. An der Mediationsausbildung selbst nahm fast die Hälfte des Lehrerkollegiums teil. Nach dem Basistraining »Mediation/Konstruktive Streitschlichtung«, das sich über einen Zeitraum von einem halben Jahr hinweg auf vier Nachmittage und zwei ganze Tage verteilte, vertieften die meisten Lehrkräfte ihre Grundkenntnisse in konstruktiver Konfliktschlichtung in einem schulinternen Fortbildungskurs »Mediation«. Inzwischen gibt es einige Lehrer, die sich für das Eingangsprogramm für 5. Klassen und das Sensibilisierungsprogramm für 7. Klassen haben ausbilden lassen. Die Durchführung von drei Projekttagen zur Durchführung des Eingangsprogramms gehört zum festen Bestandteil des Schulalltags in der Förderstufe. An vier Projekttagen findet das SV-Training für Klassen- und Schulsprecher der Jahrgangsstufen 7 bis 9 außerhalb der Schule statt.[7]

Seit dem Beginn der Schuljahres 2000/2001 werden an zwei Tagen pro Woche von jeweils zwei Lehrkräften Mediationstermine angeboten, in denen Konfliktfälle bearbeitet werden können. Zwei Lehrkräfte, die sich zurzeit zu Schulmediatoren ausbilden lassen, befassen sich mit dem Aufbau einer Schülerstreitschlichtergruppe. Für ausgewählte Schüler der Klassen 7 und 8 wird pro Woche eine zweistündige Arbeitsgemeinschaft »Training für Schülerstreitschlichter« angeboten. Ab dem Schuljahr 2001/2002 sollen diese Schüler schrittweise mit der Bearbeitung von Schülerkonflikten beginnen. Das Mediationsprogramm ist in der Heinrich-Kraft-Schule zu einem wichtigen Baustein in der Schulorganisation geworden.

7.3 Mediation als Teil des Schulprogramms

Schulprogramme sind in der Regel umfassende Werke, die den Prozess widerspiegeln, den eine Schule auf dem Weg zur Erstellung eines pädagogischen Konzepts durchläuft. In den entsprechenden Gremien der Schule muss entschieden werden, an welchen erzieherischen Zielen sich die Arbeit der Schule ausrichten soll. An vielen Schulen übernehmen Arbeitsgruppen zur Schulprogrammentwicklung die Aufgabe, eine Bestandsaufnahme der Gegenwart durchzuführen, Vorstellungen für die Zukunft zu entwickeln und die Umsetzung der Vorgaben zu planen. Die Elemente, auf die sich die Schulgemeinschaft verständigen kann, werden fest im Schulalltag verankert. Evaluationen sollen die Organisationsentwicklung begleiten. Mediation stellt einen derartigen Baustein des Schulprogramms dar, sobald eine Schule beschlossen hat, konstruktive Konfliktbearbeitung als pädagogische

---

7 Zu den einzelnen Trainingseinheiten siehe Kapitel 2.5.2.

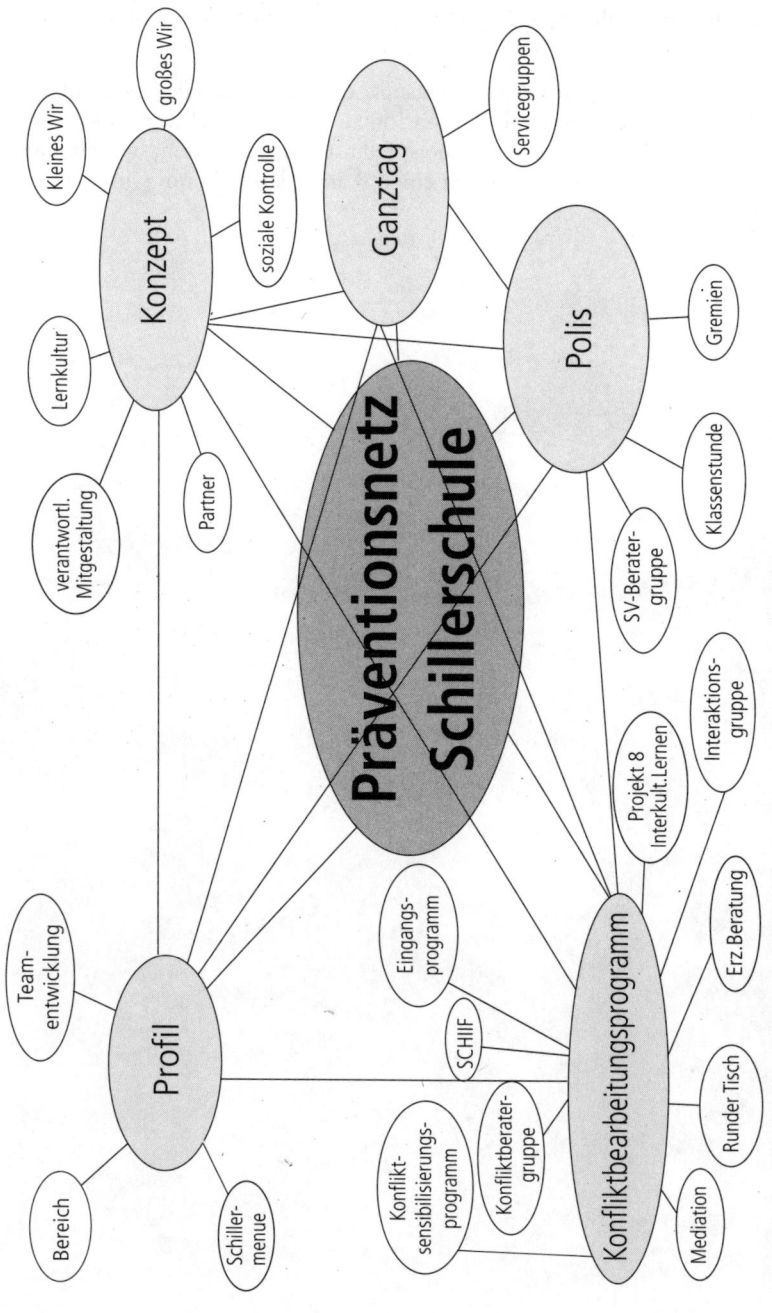

Abb.28: Das Präventionsnetz der Schillerschule in Offenbach am Main – Thomas Findeisen, Schulleiter Schillerschule Offenbach 2001

Maßnahme einzuführen, wobei die Implementation von Schule zu Schule unterschiedlich verlaufen wird.

Anhand einer Grafik zum Präventionsnetz der Schillerschule in Offenbach, die sich dafür entschieden hat, Prävention zu einem der Schwerpunkte ihres Schulprogramms zu erklären, soll beispielhaft gezeigt werden, wie Mediation in einem Netz vieler Aktivitäten einen Beitrag leisten kann (vgl. Abb.28, Seite 103).

8. Konfliktmanagement an Schulen – eine abschließende Betrachtung

Mediation ist Vermittlung in Konflikten mit Unterstützung einer dritten neutralen Person, dem Mediator. Das Mediationsverfahren unterliegt bestimmten Gesetzmäßigkeiten und Regeln. Ziel der Mediation ist es, dass die Konfliktparteien eine konsensuale Konfliktlösung finden, d.h. gemeinsam eine tragfähige Vereinbarung für die Zukunft erarbeiten. Voraussetzungen sind die Freiwilligkeit der Teilnahme am Verfahren und die Selbstverantwortung der Beteiligten bei der Suche nach einer Lösung des Konflikts. Der Mediator, der allparteilich handeln soll, setzt den Rahmen für das Mediationsverfahren, insbesondere für das Mediationsgespräch, und leitet die Kommunikation zwischen den Konfliktparteien.

Es gibt eine Richtung in der Mediation, die in erster Linie lösungsorientiert arbeitet und in der Regel mit justizförmigen Verfahren in Zusammenhang steht. Ein anderer Ansatz sieht im Mediationsverfahren einen langfristigen Lernprozess zum Erwerb von Konfliktlösungskompetenz, der das Erkennen des Eigenanteils an der Entstehung des Konflikts umfasst (transformative Mediation). Bei der Schulmediation stellt sich vornehmlich die Frage, ob Mediation eine Methode der Lösung von aktuellen Einzelkonflikten und der Krisenintervention darstellt oder ob sie einen pädagogischen Baustein im Gesamtkonzept einer Schule auf dem Weg zu einer neuartigen Konfliktkultur bildet. Mediation in der Schule unterliegt den besonderen Rahmenbedingungen der strukturellen und organisatorischen Voraussetzungen von Schule, d.h. den räumlichen, zeitlichen, personellen und finanziellen Vorgaben. Schulmediation muss sich oftmals mit Konflikten befassen, die auf Macht-, Hierarchie- und Kompetenzproblemen beruhen.

Je nach Schule und Bundesland finden sich verschiedene Konzepte der Schulmediation. Die angestrebten Ziele sind entsprechend vielfältig, von der Gewaltprävention bis hin zur Etablierung einer neuen Konfliktlösungskultur. Im Mittelpunkt steht jedoch meistens die Vorstellung, Schüler zu Mediatoren auszubilden (Peer-Mediation). Dabei werden, was die Auswahl der Schüler, den Umfang ihrer Ausbildung und die Konditionen ihrer Tätigkeit als Peer-Mediatoren betrifft, verschiedene Wege gewählt. Lehrer werden zwar auch an Schulen in die Mediationsausbildung einbezogen, Mediationsverfahren, an denen sie als Konfliktparteien teilnehmen, gibt es jedoch nur sehr selten. An manchen Schulen wird inzwischen die Notwendigkeit erkannt, die Eltern mit der Idee der Mediation vertraut zu machen.

Die interessante Frage, der in diesem Buch nachgegangen wurde, ob Mediation eine Alternative zu den herkömmlichen schulrechtlichen Sanktionen bieten kann, lässt sich wissenschaftlich zuverlässig nur ansatzweise beantworten. Der Umgang mit Schulordnungsmaßnahmen variiert von Schule zu Schule.»Leichtere« Sanktionen, z.B. der Ausschluss von besonderen Klassen- und Schulveranstaltungen, werden von den meisten Schulen eingesetzt. Schulen warten jedoch in der Regel sehr lange, bevor sie die »schwerwiegenden« Maßnahmen der Androhung des Schulverweises oder des Verweises von der Schule aussprechen. In diesen Fällen handelt es sich dann überwiegend um Schüler, die durch Verhaltensauffälligkeiten den Alltag belasten.

Die Begründungen für die Ordnungsmaßnahmen enthalten nur wenige Anhaltspunkte zum pädagogischen Konzept, das mit diesen Sanktionen verfolgt wird. Von Schulpraktikern wird denn auch der erzieherische Nutzen für die betroffenen Schüler bezweifelt. Einige Ordnungsmaßnahmeverfahren wären aber eindeutig für die Mediation geeignet, da sie durch konkrete einzelne Konflikte zwischen Schülern ohne besondere Verhaltensauffälligkeiten veranlasst wurden. Schulen mit Mediationsprojekten geben an, dass sie derartige Konflikte mit Mediation lösen. Sobald die Konflikte allerdings eskalieren, was bei Gewalttätigkeiten in der Regel der Fall ist, greifen auch diese Schulen wieder auf die herkömmlichen schulrechtlichen Sanktionen zurück. Es gibt aber auch Beispiele in der Schulpraxis, in denen Schulen trotz vorhandenen Mediationsangebots auf Konflikte, die ausgesprochen für eine Mediation geeignet wären, mit destruktiven Handlungsweisen reagieren.

Die Wirkung des Mediationsverfahrens im Vergleich zum Ordnungsmaßnahmeverfahren lässt sich zurzeit nur schwer abschätzen. Es ist lediglich feststellbar, dass Ordnungsmaßnahmen den Rückfall eines Schülers nicht verhindern. Das pädagogische Ansinnen, das hinter dem Mediationsverfahren steht, lässt einen größeren erzieherischen Effekt für den betroffenen Schüler und seine Mitschüler vermuten, wenn man die Erfahrungen aus der Gewaltprävention und aus dem Täter-Opfer-Ausgleich mit Jugendlichen zur Beurteilung der Schulmediation heranzieht. Soweit Konflikte für eine Lösung im Mediationsverfahren geeignet sind, kann Mediation eine Alternative zu den herkömmlichen schulrechtlichen Sanktionen darstellen, wenn die Schule und alle Beteiligten dies aktiv unterstützen. Mediation ist aber auf alle Fälle eine wichtige Ergänzung zu den Ordnungsmaßnahmen des Schulrechts.

Mediation kann jedoch kein Allheilmittel gegen Schülergewalt sein. Auch Schulen mit Mediationsprojekten berichten von Gewaltvorfällen. Schulmediation bietet Chancen, hat aber auch Grenzen. Sie ist kein Ersatz für sozialpädagogische Einzelfallbetreuung oder therapeutische Maßnahmen. Schüler mit schweren Verhaltensauffälligkeiten bedürfen anderer Hilfen. Für Schüler mit erheblicher »krimineller Energie« kommt eher ein Vermittlungsverfahren im Sinne des Täter-Opfer-Ausgleichs in Betracht. Mediation ist in der Schule nur eine Methode konstruktiver Konfliktbearbeitung. Je nach Schule, sozialem Umfeld und Eltern- bzw. Schülerschaft können andere Ansätze der Gewaltprävention geeigneter erscheinen. Probleme, die außerhalb des Einflussbereichs der Schule entstehen, müssen von anderen Institutionen, z.B. Einrichtungen der Jugendhilfe oder der Polizei, mit denen die Schule zusammenarbeiten sollte, bearbeitet werden. Hier sind dann auch die Maßnahmen des Sozialgesetzbuches Achtes Buch (Kinder- und Jugendhilfe) oder des Jugendgerichtsgesetzes die erforderlichen und angemessenen.

8.1 Blick in die Zukunft

Prognosen für die Zukunft der Schulmediation sollten vorsichtig gewagt werden. Trotz zahlreicher Mediationsprojekte an Schulen im gesamten Bundesgebiet fehlt es an einer systematischen Erfassung und Dokumentation der verschiedenen Modelle. Wissenschaftliche Arbeiten zur Messung der Effizienz der unterschiedlichen Ansätze der Mediaton in der Schulpraxis stehen noch aus. Die Diskussion einzelner wichtiger Aspekte der Schulmediation beginnt langsam Formen anzunehmen. Fragen zu den Möglichkeiten und Grenzen der Mediation in Schulen werden gestellt. Die Überlegungen zur Qualität von Schulmediation und zu Standards für die Ausbildung von Schulmediatoren und Trainern führen zu ersten Ergebnissen. Viele Annahmen zur Schulmediation, z.B. zu ihrem Beitrag zu Gewaltprävention, beruhen weitgehend auf Spekulationen. Das liegt u.a. daran, dass es keine fundierten theoretischen Konzepte zur Mediation an Schulen und nur wenige valide Evaluationen von Schulmediationsprojekten gibt. Insbesondere für den Bereich der Peer-Mediation fehlen zurzeit noch vergleichende Untersuchungen zur Wirksamkeit der Programme. Fragen zur effektiven Implementation von Mediation an Schulen bleiben vorerst ebenso unbeantwortet wie die zur langfristigen Wirkung von Projekten der Schulmediation. Hier besteht ein immenser Bedarf an theoretischem Wissen und praktischer Forschung, der in Zukunft verstärkt eingefordert werden muss.

Das Forschungsprojekt »Konfliktmanagement an Schulen – Rechtliche Sanktionen bei Gewalttaten von Schülern und Mediation als alternatives Interventionsmodell« sollte insofern auch nur als ein weiterführender Ansatz betrachtet werden, sich dem besonderen Aspekt der Schulmediation im Verhältnis zum Schulordnungsrecht verstärkt zu widmen. Basierend auf den wissenschaftlichen Erkenntnissen und unter Einbeziehung der Erfahrungen mit Mediation in der Schulpraxis können einige Überlegungen zum zukünftigen Schicksal der Mediation an deutschen Schulen formuliert werden.

Schulmediation ist zurzeit ein fester Bestandteil der Diskussion über neue Wege des Konfliktmanagements. Der Gedanke der Mediation wird sich in der Schulpraxis weiter verbreiten und Zuspruch finden. Es werden neue Schulen hinzukommen, die sich mit Mediationsprojekten versuchen. In allen Bundesländern sind Schulmediationsprogramme im Entstehen oder aufgrund der bisherigen Erfahrungen im Stadium der Weiterentwicklung. Neue Arbeitsfelder werden im Rahmen der Mediation in Schulen einbezogen, z.B. die Arbeit mit Eltern oder die Regelung von Konflikten, an denen Lehrer oder Mitglieder der Schulleitung beteiligt sind.

»Mediation in der Schule zwischen Recht und Pädagogik« wird sicherlich weiterhin ein wichtiges Thema darstellen. Dabei ist nicht nur der Zusammenhang von Schulmediation und schulrechtlichen Sanktionen, sondern auch die Verbindung mit anderen Rechtsgebieten, z.B. dem Zivil- und Strafrecht, zu beachten. Probleme, wie die rechtliche Wirksamkeit von Vereinbarungen in der Peer-Mediation, die Schweigepflicht von Peer-Mediatoren und die strafrechtliche Verfolgung des Konflikts neben dem Mediationsverfahren, müssen diskutiert werden. Mediation mit Schülern wird verstärkt unter dem Aspekt des sozialen Lernens in Kooperation mit den anderen Instanzen der Jugendarbeit, insbesondere den Trägern der Jugendhilfe, betrachtet werden. Die bisherige Diskussion war zu sehr auf den Aspekt der Gewalt in der Schule konzentriert.

Die Überprüfung der Qualität von Mediationsverfahren in den Schulen und der Professionalität von Schulmediatoren wird mit Zunahme der eher zweifelhaften Angebote von Mediatoren und Trainern eine Aufgabe der Zukunft sein. Wie es bereits für die Mediation im straf- und familienrechtlichen Verfahren getan wurde, werden auch die Fachleute in der Schulmediation entsprechende Standards vereinbaren. Die Stellung von Kindern und Jugendlichen in der Mediation und die Wahrung ihrer Rechte sowie die Berücksichtigung von Disparitäten zwischen den Konfliktparteien sollten auch in der Schulmediation problematisiert werden. Die zusätzliche Evaluation von Schulmediationsprojekten wird gefordert werden müssen.

Es ist jedoch vorauszusehen, dass trotz großem Engagement in der Schulpraxis einzelne Mediationsprojekte an Schulen, insbesondere, wenn sie nur auf punktuellen Ansätzen oder Initiativen von Einzelpersonen beruhen, langfristig nicht bestehen können. Aber auch Schulen, die Mediation als Baustein fest in ihr pädagogisches Konzept integriert haben, müssen überlegen, wie sie die Idee der Mediation am Leben erhalten und die Schulgemeinschaft immer wieder neu motivieren und zur Mitarbeit aktivieren.

Erste Erfolge von Mediationsprojekten an Schulen im Sinne einer neuartigen Konfliktlösungskultur stellen sich erst nach einigen Jahren ein; Frustrationen auf dem Weg dorthin sind zu verarbeiten.

Schulmediation erfordert ein Umdenken in der Pädagogik unter Einbeziehung des Systems Schule als Ganzem unter der Voraussetzung, dass alle Betroffenen diesem Ansatz zumindest offen gegenüberstehen. Eine aktive Unterstützung des Vorhabens muss insbesondere von der Schulleitung und der Lehrerschaft geleistet werden. Ohne die entsprechenden Rahmenbedingungen, wie etwa ausreichende räumliche, zeitliche, personelle und finanzielle Mittel, wird es für die meisten Schulen schwer werden, Mediation effektiv umzusetzen. Schulmediation kann nur im Zusammenhang mit Schulentwicklungsprozessen erfolgreich sein, für die aber die nötige Unterstützung vorhanden sein muss. Letztendlich hängt das Gelingen von Mediation in Schulen somit auch von der politischen Entscheidung, derartige Projekte und damit die Demokratisierung der Schule fördern zu wollen, ab.

Zusammenfassend kann die Prognose gewagt werden, dass Mediation auch in der deutschen Schulpraxis in Zukunft zwar eine Rolle spielen wird, den amerikanischen Erfahrungen entsprechend, jedoch der Anteil der Schulen, die Mediation langfristig etablieren, an allen Schulen eher gering bleiben wird. Hier ist eine gesellschaftliche Entwicklung angesprochen, die Konflikte nicht durch Schuldzuweisungen kraft Legitimation der Normen regelt, sondern versucht der strukturellen Gewalt durch politische Entscheidungen entgegenzuwirken.

8.2 Empfehlungen für die Schulpraxis

Auf den Erfahrungen mit Schulmediation, insbesondere in Hessen, beruhend, lassen sich einige Empfehlungen aussprechen. Diese sollen jedoch lediglich Anhaltspunkte für die erfolgreiche Implementation von Mediation an Schulen aufzählen, können aber nicht das Gelingen des jeweiligen Mediationsprojekts garantieren.

Schulen sollten zunächst prüfen, ob sie Mediation als konstruktive Konfliktbearbeitung überhaupt einführen wollen. Zur Entscheidungsfindung eignet sich die Methode der Problemlandkarte, mit der zunächst festgestellt wird, welche Probleme in der Schulgemeinschaft bestehen, um dann zu diskutieren, welche Maßnahmen ergriffen werden sollen bzw. müssen. Schulen können sich aber auch einen Projektplan erstellen (lassen), in dem die Aufgaben und die Wege zur Konfliktbearbeitung festgelegt sind.[1]

---

1 Zur Problemlandkarte und zum Projektstrukturplan siehe Faller 1996, S. 44 und 186.

Wenn die Diskussionen ein besonderes Interesse für Mediation in der Schule ergeben, bietet es sich an, einen Pädagogischen Tag oder einen Projekttag zu diesem Thema zu veranstalten. Qualifizierte Mediatoren oder Trainer mit intensiver Erfahrung in Schulmediation sollten die Idee der Mediation theoretisch und mit praktischen Beispielen vorstellen. Sobald die Schulgemeinschaft mit den nötigen Informationen zur Schulmediation versehen worden ist, kann ein Mediationstraining für Lehrkräfte angeboten werden. Dabei ist es unabdingbar, dass die Lehrer, die an dieser Ausbildung teilnehmen möchten, nicht nur keine Minderheit in der Schule darstellen, sondern auch zumindest mit der passiven Unterstützung der nicht teilnehmenden Kollegen rechnen können. An das Mediationstraining der Lehrer anschließend sollten möglichst viele Schüler mit dem Gedanken der Mediation vertraut gemacht werden. Hierzu eignen sich insbesondere Klassenaufenthalte außerhalb der Schule. Erst, wenn eine breite Basis für die Mediation in der Schule geschaffen worden ist, kann an die Ausbildung von Peer-Mediatoren gedacht werden. Für das Mediationstraining der Schüler muss ausreichend Zeit und Raum zur Verfügung gestellt werden. Der Erfolg des Mediationsvorhabens hängt in hohem Maße von der Unterstützung des Projekts durch die Schulleitung und das Lehrerkollegium ab. In der Schule müssen geeignete Möglichkeiten zur Umsetzung des Mediationsprogramms eingeräumt werden. Speziell geschulte Lehrkräfte, die dazu freiwillig bereit sind und Interesse an dem Vorhaben zeigen, sollten die Verantwortung für die Durchführung des Projekts übernehmen. Wichtig ist zudem die gezielte Auswahl von inner- oder außerschulischen Trainern für die Schulmediation, die nicht nur ausreichend Professionalität besitzen, sondern auch bei den Schülern und Lehrern auf die nötige Akzeptanz stoßen, um das Projekt fest in den Schulalltag integrieren zu können.

Mediation als Baustein des pädagogischen Konzepts einer Schule sollte im Schulprogramm erst verankert werden, wenn auf der Schul- bzw. Gesamtkonferenz festgestellt wurde, dass Schulmediation von allen befürwortet wird. Nach der Etablierung von Mediation an einer Schule obliegt es den Projektverantwortlichen durch Informationen und entsprechende Aktivitäten dem Vorhaben einen angemessenen Platz im Schulleben zu »erkämpfen". Die Dokumentation und Publikation des Verlaufs und der Ergebnisse des Projekts sind von großer Bedeutung, um den Gedanken der Mediation in der Schulgemeinschaft wach zu halten. Für die ständige Weiterentwicklung der Programme sind sorgfältig geplante Selbstevaluationen unerlässlich. Die Zusammenarbeit mit schulexternen Personen und Institutionen kann dazu beitragen, dem Mediationsprojekt eine breitere Grundlage zu verschaffen. Insbesondere die Einbeziehung der Eltern in das Mediationsvorhaben ist für dessen Überleben wichtig. Der Austausch zwischen Schulen mit derartigen Projekten, z.B. zwischen Grund- und weiterführenden

Schulen, erhöht die Chance für die Erstellung eines lokalen Gesamtkonzepts der konstruktiven Konfliktbearbeitung über die Grenzen der jeweiligen Schule hinaus.

Zusammenfassend lässt sich aus den bisherigen Erfahrungen in der Schulpraxis schließen, dass Schulmediation Zeit, Raum und Geld sowie Geduld und Ausdauer, aber auch ein hohes Maß an Kreativität und den Willen zum Beschreiten neuer Wege des schulischen Miteinanders erfordert. Für die einzelne Schule bedeutet dies, einerseits das Mediationsverfahren an die jeweiligen Gegebenheiten und Möglichkeiten des Schulalltags anzupassen, andererseits das Gesamtkonzept der Schule zu überdenken und weiterzuentwickeln. Schulmediation kann, wie an einigen wenigen Schulen bereits geschehen, Teil des Unterrichts werden oder zur Einrichtung neuartiger Fächer führen, in denen menschliches Verhalten und die Behandlung von Konflikten nicht in Form herkömmlicher Wissensvermittlung, sondern durch Rollenspiele, gemeinsame Aktionen und Projekte begriffen werden soll.[2]

8.3 Wichtigste Ergebnisse aus dem Forschungsprojekt

Die wichtigsten Ergebnisse aus dem Forschungsprojekt »Konfliktmanagement an Schulen« lassen sich zu einigen Schlussfolgerungen zusammenfassen:

Zu den schulrechtlichen Ordnungsmaßnahmen:

■ Schulen unterscheiden sich bei der Art und Weise des Einsatzes von Ordnungsmaßnahmen.

■ Schulen warten teilweise sehr lange bis sie sich für schwerere Ordnungsmaßnahmen entscheiden, wollen dann aber einen sofortigen Vollzug derselben. Zum Zeitpunkt der Entscheidung über die Ordnungsmaßnahme ist dann die Haltung gegenüber dem Schüler eher negativ.

■ Schulen schalten Dritte sehr selten in das Ordnungsmaßnahmeverfahren ein; wenn, dann meistens erst nach der Klassenkonferenz. Strafanzeigen seitens der Schule bei Gewalttaten von Schülern gibt es wenige. Zu den Ordnungsmaßnahmen werden aber oft weitere Maßnahmen (meistens

---

2 Vgl. Hof, der Überlegungen zur Einrichtung eines neuartigen Faches »Verhaltenslehre« darlegt, in Simsa/Schubarth 2001 und in Gruter/Rehbinder 1997.

im Sinne eines Dienstes an der Schule) verhängt, in der Regel im Zusammenhang mit der Androhung der Ordnungsmaßnahme.

■ Schulen lassen sich bei der Auswahl des Antrags auf Erlass einer Ordnungsmaßnahme wenig von der Person des Schülers und nur bedingt von dessen Verhalten leiten, wohl aber bei den Begründungen der Anträge. Dabei überwiegen allerdings formale, d.h. eher schul- als schülerorientierte Gesichtspunkte, die letztendlich vom Gesetz vorgegeben werden.

■ Ein Problem für Schulen sind verhaltensauffällige Schüler, die in hohem Maße bereits Erziehungs- und Ordnungsmaßnahmen hinter sich haben und immer wieder erneut in Konflikte verwickelt sind.

Zu den Schulmediationsprojekten:

■ Gewalt stellt für die meisten Schulen kein besonderes Problem dar; die alltäglichen Konflikte belasten den Unterricht und die Schulatmosphäre.

■ Schulrechtliche Maßnahmen, mit denen auf Konflikte reagiert wird, bestehen überwiegend aus leichteren Sanktionen.

■ Die Schulen versuchen Konflikte mit »progressiven« Methoden zu bearbeiten, bei eskalierten Konflikten wird jedoch auf »traditionelle« Sanktionen zurückgegriffen.

■ Die Schulmediationsprojekte sprechen in erster Linie die Schulen als Gemeinschaft an (Prävention) und dann erst die konkrete Konfliktlösung (Intervention).

■ Schulen, die Gewalttätigkeiten als häufiger auftretende Konflikte offen benennen, scheinen einen progressiveren Konfliktumgang zu haben als Schulen, die hierzu keine Angaben machen.

■ Schulen, die Gewalttätigkeiten als zunehmendes Problem ankreuzen und deren Vorkommen im letzten Schuljahr als häufig angeben, scheinen einen weniger progressiven Konfliktumgang zu haben als die Schulen, die bei diesen Fragen weniger »dramatische« Angaben machen.

Zur Peer-Mediation:

■ Viele Konflikte, die den Peer-Mediatoren vorgetragen werden, liegen im Bereich der Meinungsverschiedenheiten, Beleidigungen und körperlichen Angriffe, wobei oftmals eine Eskalation zwischen diesen Konfliktstadien feststellbar ist.

■ Jungen sind in der Regel die Täter bei körperlichen Angriffen, aber die Mädchen kommen zur Mediation. Konfliktparteien in der Peer-Mediation sind überwiegend jüngere Schülerinnen.

▪ Die Vereinbarungen, die bei den Peer-Mediatoren erarbeitet werden, entsprechen in der Regel den Möglichkeiten der Schüler, z.b. die Zusage, sich aus dem Weg zu gehen. Zur Einhaltung des Vereinbarten kann nur der Eindruck wiedergegeben werden, dass dies im konkreten Fall funktioniert, die Konfliktparteien aber mit anderen Konflikten wiederkommen.

▪ Es gibt eine unterschiedliche Praxis der Peer-Mediatoren, die von der Ausbildung, der Zusammensetzung der Teams oder den konkreten Konfliktfällen abhängen kann. Am wichtigsten scheint aber die Betreuung durch die Coaches für die Gestaltung der Peer-Mediation zu sein.

Gesamtergebnis – Schlussfolgerungen:

▪ Mediation ist als Intervention im einzelnen Konfliktfall unter den folgenden Voraussetzungen eine Alternative zu den herkömmlichen Sanktionen des Schulrechts:

1. Die Schule muss Interesse daran haben, den Schüler in der Schulgemeinschaft halten zu wollen und zu können

und

2. der Konflikt muss für die Mediation geeignet sein. Das waren bei den ausgewerteten Ordnungsmaßnahmen 22 Fälle, in denen ein klarer Einzelkonflikt mit erstmaliger Auffälligkeit des Schülers vorlag.

▪ Mediation als Prävention ist etwas anderes als die herkömmlichen Sanktionen des Schulrechts, da diese nach den Ergebnissen des Forschungsprojekts nur selten langfristige Verhaltensänderungen zu bewirken scheinen.

▪ Peer-Mediation kann sowohl Prävention als auch Intervention bedeuten.

▪ Schulmediation als Intervention, aber auch als Prävention, kann zu einer Abnahme des Einsatzes von schulrechtlichen Ordnungsmaßnahmen beitragen und zu einem Rückgang von Gewalttätigkeiten führen.

8.4 Mediation ins Schulrecht?

Die Verrechtlichung von Schulmediation ist abzulehnen. Der pädagogische Nutzen des Mediationsverfahrens liegt in den Prinzipien der Freiwilligkeit und Eigenverantwortlichkeit der Konfliktparteien sowie der Allparteilichkeit des Mediators. Die Veränderung der Konfliktkultur einer Schule ist nur in einer Atmosphäre der gegenseitigen Akzeptanz und des Vertrauens auf demokratische Spielregeln möglich. Dies bedeutet jedoch nicht, dass Schulmediation einen rechtsfreien Raum darstellen sollte; die rechtsstaatlich garantierten Rechte sind selbstverständlich zu beachten. Um der konstruktiven Konfliktbearbeitung in der Schule und damit auch der Mediation einen stärkeren Stellenwert im pädagogischen Alltag bei allen Beteiligten einzuräumen, könnte allerdings eine grundsätzliche Festschreibung des Vorrangs der Konfliktschlichtung vor dem Erlass von schulrechtlichen Ordnungsmaßnahmen sinnvoll sein. Ein Vorbild wäre hier die Regelung in Paragraph 63 Absatz 2 im Gesetz über die Schulen im Land Brandenburg:

> »Beruht das Fehlverhalten einer Schülerin oder eines Schülers auf einem Konflikt mit anderen Schülerinnen oder Schülern, Lehrkräften oder anderen an der Schule tätigen Personen, soll vorrangig der Konflikt geschlichtet und auf die Anwendung von Erziehungs- und Ordnungsmaßnahmen verzichtet werden.«

9. Literaturverzeichnis

9.1 Quellennachweise –
im Text verwendete Literatur

Ackermann, C.: Interventions- und Präventionspraxis an Schulen – Ergebnisse einer vergleichenden Schulleiterbefragung. In: Schubarth u.a. 1996, S.205-215
Avenarius, H./Heckel, H.: Schulrechtskunde, Neuwied/Kriftel 2000
Avenarius, H.: Einführung in das Schulrecht, Darmstadt 2001

Besemer, F.: Mediation. Vermittlung in Konflikten. Baden 1998
Beulke, W./Schaffstein, F.: Jugendstrafrecht: eine systematische Darstellung, Stuttgart/Berlin/Köln 1998
Böhm, Th.: Erziehungs- und Ordnungsmaßnahmen – Schulrechtlicher Leitfaden, Neuwied/Kriftel 2001
Braun, G./Hünicke, W.: Streitschlichtung durch Schüler. Wie Verantwortung für Konfliktlösungen gemeinsam übernommen werden kann. In: Sicher durch den Schulalltag, Berlin 2000
Brunner, R./Dölling, D.: Jugendgerichtsgesetz, Kommentar, Berlin/New York 1996
Büschges, G./Abraham, M.: Einführung in die Organisationssoziologie, Stuttgart 1997
Büttner, C.: Schule ohne Gewalt? Konfliktberatung im pädagogischen Arbeitsfeld Schule. Frankfurt am Main 1998
Bundesarbeitsgemeinschaft der Landesjugendämter (Hrsg.), Empfehlungen der Bundesarbeitsgemeinschaft der Landesjugendämter zur »Zusammenarbeit von Jugendhilfe und Schule«, Köln 1993

Dittmann, J.: Zur Evaluation von Mediationsprojekten an Schulen, in: Simsa/Schubarth 2001, S.63-75
Dölling, D. u.a.: Täter-Opfer-Ausgleich in Deutschland. Bestandsaufnahme und Perspektiven. Bonn 1998
Dussa, U.: Das Berliner Programm gegen Gewalt und Rechtsradikalismus unter besonderer Berücksichtigung der Förderung von Mediation und der Konfliktlotsentätigkeit an den Berliner Schulen, in: Simsa/Schubarth 2001, S.138-147

Eisenberg, U.: Jugendgerichtsgesetz, Kommentar, München 2000a
Eisenberg, U.: Kriminologie, München 2000b
Engert, I.: Mediation im Kontext Schule. Von der Euphorie zur Qualitätssicherung und Nachhaltigkeit, in: Simsa/Schubarth 2001, S.221-234

Faller, K.: Mediation in der pädagogischen Arbeit. Ein Handbuch für Kindergarten, Schule und Jugendarbeit. Mülheim an der Ruhr 1998

Faller, K./Kerntke, W./Wackmann, M.: Konflikte selber lösen. Mediation für Schule und Jugendarbeit. Das Streit-Schlichter-Programm. Mülheim an der Ruhr 1996

Findeisen, Th.: Schillerschule: Die Implementation von Präventionsstrukturen in der Schule als Aufgabe der Schulleitung, in: Simsa/Schubarth 2001, S.206-220

Fuchs, M./Lamnek, S./Luedtke, J.: Gewalt an Schulen. Realität und Wahrnehmung eines sozialen Problems. Opladen 1996

Gerbig, U./Fritsch, H.-E.: Heinrich-Kraft-Schule: Zivilcourage / Gewaltprophylaxe / Mediation – von der Umsetzung einer Projektidee, in: Simsa/Schubarth 2001, S.197-205

Glasl, F.: Konfliktmanagement. Ein Handbuch für Führungskräfte, Beraterinnen und Berater. Bern/Stuttgart 1999

Grimm, A.: Konflikte lösen – Gewalt verhindern. Jugendhilfe und Schule auf neuen Wegen. Loccumer Protokolle 10/96, Rehburg-Loccum 1997

Grimm A. (Hrsg.): Kriminalität und Gewalt in der Entwicklung junger Menschen. Forschungsbefunde – Praxiserfahrungen – Politische Konzepte. Loccumer Protokolle 50/98, Rehburg-Loccum 1999

Gruter, M./Rehbinder, M. (Hrsg.): Gewalt in der Kleingruppe und das Recht. Festschrift für Martin Usteri. Bern 1997

Hartmann, A./Stroezel, H.: Die Bundesweite TOA-Statistik, in: Dölling 1998, S.149-202

Hoegg, G.: Landesgesetzliche Schulordnungsmaßnahmen unter den rechtlichen Geboten der Zweckmäßigkeit und der Verhältnismäßigkeit, Bremen 1996

Hof, H.: Gewalt in Familie und Schule – Ansätze zur Gegensteuerung durch Erziehung und Recht. In: Gruter/Rehbinder 1997, S.331-352

Kalb, P. E./ Petry, C./Sitte, K. (Hrsg.): Jugendarbeit und Schule. Für eine andere Jugendpolitik. Weinheim/Basel 1994

Kreft, D./Mielenz, I: Wörterbuch Soziale Arbeit. Aufgaben, Praxisfelder, Begriffe und Methoden der Sozialarbeit und Sozialpädagogik. Weinheim/Basel 1996

Lamnek, S.: »Das hätte es früher nicht gegeben!« (?) Die Gewaltentwicklung an bayerischen Schulen. In: Simsa/Schubarth 2001, S.9-40

Landeswohlfahrtsverband Baden: Schule und Jugendhilfe arbeiten zusammen!, Karlsruhe 1992

Meeth, K.-P.: Erfahrungsbericht »Peer education – Peer mediation«. Aufbruch in eine konsensorientierte Konfliktkultur. Streitvermittlung in der Hand von Schülerinnen und Schülern an der Albert-Einstein-Schule, (IGS), Langen/Hessen, in: Simsa/Schubarth 2001, S.183-190

Melzer, W./Oelze, H./Riebe, B./Tillmann, K.-J./Werning, R. (Hrsg.): GewaltLösungen, Jahresheft »Schüler ‚95«, Velber 1995

Menzer, A./Gilbert-Scherer, P.: Interaktionsspiele in der Praxis, Dokumentation, 4 Bände, Dietzenbach 2001

Noack, U.: Mediation – das Schulstreitschlichter-Modell in der Bewährung zur Entwicklung einer konstruktiven Konfliktkultur in der Schule, in: Wissenschaft und Frieden 1998

Neubauer, W./Gampe, H./Knapp, R./Wichterich, H.: Konflikte in der Schule. Aggression – Kooperation – Schulentwicklung. Neuwied/Kriftel 1999

Peters, A.: Erziehungs- und Ordnungsmaßnahmen im Schulrecht, Göttingen 1991

Proksch, R.: Mediation – Vermittlung in familiären Konflikten. Einführung von Mediation in die Kinder- und Jugendhilfe. Nürnberg 1998

Rademacher, H./Simsa, C: Mediation und Schulprogramm, in: HLZ – Zeitschrift der GEW Hessen für Erziehung, Bildung, Forschung, 1999, S.10-11

Rademacher, H.: Systemische Umsetzung von Schulmediation in Hessen, in: Simsa/Schubarth 2001, S.115-125

Rademaker, H.: Schulsozialarbeit – eine beargwöhnte Liaison von Jugendhilfe und Schule, in: Kalb/Petry/Sitte 1994, S.32-55

Schubarth, W.: Gewaltprävention in Schule und Jugendhilfe. Theoretische Grundlagen – Empirische Ergebnisse – Praxismodelle. Neuwied/Kriftel 2000

Schubarth, W.: Mediation an Schulen als Beitrag zur Gewaltprävention. Zum Zusammenhang von Peer-Mediation, Gewaltprävention und Schulentwicklung. In: Simsa/Schubarth 2001, S.85-103

Schubarth, W.: Gewaltphänomene aus der Sicht von Schülern und Lehrern. Eine empirische Studie an sächsischen Schulen. In: Die Deutsche Schule 1997, S.63-76

Schubarth, W./Kolbe, F.-U./Willems, H. (Hrsg.): Gewalt an Schulen. Ausmaß, Bedingungen und Prävention. Opladen 1996

Schwind, H.-D./Roitsch, K./Ahlborn, W./Gielen, B.: Gewalt in der Schule – am Beispiel Bochum, Mainz 1995

Simsa, C./Schubarth, W. (Hrsg.): Konfliktmanagement an Schulen – Möglichkeiten und Grenzen der Schulmediation, Frankfurt am Main 2001

Stahlberg, H.: Schlichtung – Moderation – Mediation, in: Pädagogisches Handeln 1998, S.17-21

Staupe, J.: Schulrecht von A – Z, München 1996

Tillmann, K.-J./Holler-Nowitzki, B./Holtappels, H. G./Meier, U./Popp, U.: Schülergewalt als Schulproblem. Verursachende Bedingungen, Erscheinungsformen und pädagogische Handlungsperspektiven. Weinheim/München 1999

Weber, W.: Das Ordnungsrecht der Schule, Tübingen 1985

Wetzels, P./Enzmann, D.: Erleiden und handeln: Erfahrungen junger Menschen mit Gewalt. Ergebnisse einer repräsentativen Opfer- und Täterbefragung in vier bundesdeutschen Großstädten. In: Grimm 1999, S. 90-168

Wiesner, R./Mörsberger, T./Oberloskamp, H./Struck, J.: SGB VIII Kinder- und Jugendhilfe, München 2000

Wiswede, G.: Soziologie. Grundlagen und Perspektiven für den wirtschafts- und sozialwissenschaftlichen Bereich. Landsberg am Lech 1998

Würtz, S./Hamm, S./Willems, H./Ecker, R.: Gewalt und Fremdenfeindlichkeit in der Erfahrung von Schülern und Lehrern, in: Schubarth/Kolbe/Willems 1996, S.85-130

9.2 Weitere Literaturhinweise (ohne Anspruch auf Vollständigkeit)

Aktion Jugendschutz Bayern e.V.: Mediatoren statt Gladiatoren, München 1998

Arbeitsstelle Kinder- und Jugendkriminalitätsprävention (Hrsg.): Wider die Ratlosigkeit im Umgang mit Kinderdelinquenz, München 2000

Besemer, F.: Konflikte verstehen und lösen lernen. Ein Erklärungs- und Handlungsmodell zur Entwurzelung von Gewalt nach Pat Patfoot. Baden 1999

Braun, G./Dietzler-Isenberg, E./Würbel, A.: Kinder lösen Konflikte selbst! Streitschlichtung in der Grundschule. Bensberg 2000

Braun, G./Hünicke, W./Regniet, M./Sprink, E.: Streitschlichtung durch Schülerinnen und Schüler, Bad Kreuznach 2000

Bründel, H./Amhoff, B./Deister, C.: Schlichter-Schulung in der Schule. Eine Praxisanleitung für den Unterricht. Dortmund 1999

Dieter, A./Montada, C./ Schulze, A.: Gerechtigkeit im Konfliktmanagement und in der Mediation, Frankfurt am Main 2000

Dulabaum, N. L.: Mediation: Das ABC. Die Kunst, in Konflikten erfolgreich zu vermitteln. Weinheim/Basel 2000

Engert, I.: Mediatoren statt Gladiatoren. Friedliche Konfliktlösungen in der Schule. System Schule. In: Zeitschrift für innovative Schulpraxis 1997

Feindt, P./Fröchling, H./Gessenharter, W.: Mediation, Opladen 2000

Gordon, T.: Lehrer-Schüler-Konferenz. Wie man Konflikte in der Schule löst. München 1992

Gumpinger, M. (Hrsg.): Mediation. Wenn zwei sich streiten, hilft der Dritte. Linz 2000

Hagedorn, O.: Konfliktlotsen, Stuttgart 2000

Hauk, D.: Streitschlichtung in Schule und Jugendarbeit. Das Trainingsbuch für Mediationsausbildung. Mainz 2000

Hessisches Landesinstitut für Pädagogik (Hrsg.): Konfliktlösung macht Schule. Schule und Beratung, Nr.7, Wiesbaden 1997

Jeffereys-Duden, K.: Das Streitschlichterprogramm: Mediatorenausbildung für Schülerinnen und Schüler der Klassen 3 bis 6, Weinheim/Basel 1999

Jeffereys, K./Noack, U.: Streiten-Vermitteln-Lösen. Das Schüler-Streit-Schlichter-Programm für die Klassen 5-10. Lichtenau 1995

Kaeding, P.: Mediation. Schüler vermitteln in Konflikten, in: Journal für Schulentwicklung 3/1999, S.64-74
Krall, H.: Konfliktregelung in der Schule – Schritte im Mediationsprozess, in: Journal für Schulentwicklung 3/1999, S.75-80
Karakus, M.: Wie können Jugendliche Konflikte konstruktiv bearbeiten? ein Trainingsprogramm für Projektunterricht und außerschulische Jugendarbeit. Hamburg 2000

Leiß, M./Kaeding, P.: Peermediation an Schulen – ein Trainingsprogramm für Schülerinnen und Schüler, Hamburg 1997

Mücke, Th./Korn, J.: Umgang mit Gewalt in der Arbeit mit Jugendlichen. Möglichkeiten der Konfliktregelungen, Berlin 2000

Petermann, F./Pietsch, K.: Mediation als Kooperation, Salzburg 2000

Redlich, A.: Konflikt-Moderation: Handlungsstrategien für alle, die mit Gruppen arbeiten: mit vier Fallbeispielen, Hamburg 1997

Senatsverwaltung für Schule, Jugend und Sport Berlin (Hrsg.): Mädchen sind besser – Jungen auch. Konfliktbewältigung für Mädchen und Jungen. Ein Beitrag zur Förderung sozialer Kompetenzen in der Grundschule. Berlin 1998
Simsa, C.: Strafe muss sein? – Zum Verhältnis von Schulordnungsrecht und Schulmediation, in: Recht der Jugend und des Bildungswesens 2/1999, S.140-148
Simsa, C.: Mediation in der Schule. Ein Weg zur gewaltfreien Konfliktlösung. In: Sicher durch den Schulalltag, Berlin 2000
Simsa, C.: Mediation an Schulen. In: Arbeitsstelle Kinder- und Jugendkriminalitätsprävention (Hrsg.) 2000, S.56-72.
Simsa, C.: Täter-Opfer-Ausgleich (TOA) mit Schülern. Die Bedeutung des Täter-Opfer-Ausgleichs für die Schulpraxis. In: Sicher durch den Schulalltag, Berlin 2001
Spreiter, M.: Waffenstillstand im Klassenzimmer. Vorschläge, Hilfestellungen, Prävention. Weinheim/Basel 1993

Walker, J.: Gewaltfreier Umgang mit Konflikten in der Grundschule, Frankfurt am Main 2000
Walker, J.: Gewaltfreier Umgang mit Konflikten in der Sekundarstufe I, Frankfurt am Main 2000
Watzke, E.: Äquilibristischer Tanz zwischen Welten. Neue Methoden professioneller Konfliktmediation. Bonn 1997
Winter, F./Taubner, S./Krause, C.: Jugendliche schlichten. Initiierung eines Konfliktschlichtungsangebotes durch jugendliche Schülerinnen und Schüler an ihrer Schule (Konzeption und Erfahrungsbericht), Godesberg 1997

Verzeichnis der Abbildungen